Die Seele des Menschen

Erich Fromm

Die Seele des Menschen

Ihre Fähigkeit zum Guten und zum Bösen

Deutsche Verlags-Anstalt

Die amerikanische Originalausgabe erschien bei Harper & Row Publ., New York unter dem Titel »The Heart of Man. Its Genius for Good and Evil« als Bd. XII der »Religious Perspectives Series«, geplant und herausgegeben von Ruth Nanda Anshen. Herausgeberkomitee: W. H. Auden, Karl Barth, Martin C. D'Arcy, S. J., Christopher Dawson, C. H. Dood, Mirced Eliade, Muhammad Zafrulla Khan, Alexandre Koyré, Jacques Maritain, James Muilenburg, Sarvepalli Radhakrishnan, Gershom Scholem, Daisetz Suzuki, Paul Tillich.

Die deutschsprachige Ausgabe erschien 1968 erstmalig beim Diana Verlag Zürich unter dem Titel »Das Menschliche in uns. Die Wahl zwischen Gut und Böse.«

Aus dem Amerikanischen neu übersetzt von Liselotte und Ernst Mickel.

CIP-Kurztitelaufnahme der Deutschen Bibliothek

Fromm, Erich:
Die Seele des Menschen: ihre Fähigkeit zum
Guten u. zum Bösen
Erich Fromm. [Aus d. Amerikan. neu übers. von Liselotte und Ernst Mickel]. –
Stuttgart: Deutsche Verlags-Anstalt, 1979.
Einheitssacht.: The heart of man ⟨dt.⟩
ISBN 3-421-01933-9

Verantwortlicher Lektor: Ursel Locke
Satz: IBV Lichtsatz KG, Berlin
Druck und Bindearbeit: Carl Ueberreuter, Wien

INHALT

VORWORT

Dieses Buch greift Gedankengänge auf, die ich bereits in einigen meiner früheren Bücher behandelt habe, und versucht sie weiterzuentwickeln. *Escape from Freedom* (1941a) befaßt sich mit dem Problem der Freiheit im Zusammenhang mit dem Sadismus, dem Masochismus und der Destruktivität; inzwischen haben mich klinische Erfahrungen und theoretische Überlegungen zu einem wie ich meine, tieferen Verständnis der Freiheit wie auch der verschiedenen Arten von Aggression und Destruktivität geführt. Ich vermag jetzt zwischen verschiedenen Formen der Aggression zu unterscheiden, die direkt oder indirekt im Dienst des Lebens stehen, und der bösartigen Form der Destruktivität, der Nekrophilie, bei welcher es sich um eine echte Liebe zu Totem handelt, die das Gegenteil der Biophilie ist, der Liebe zum Leben und zu Lebendigem. In *Man for Himself* (1947a) habe ich das Problem der ethischen Normen erörtert, die auf unserer Kenntnis der menschlichen Natur und nicht auf Offenbarung oder auf Gesetzen und Konventionen beruhen, die vom Menschen geschaffen wurden. Im vorliegenden Buch verfolge ich dieses Problem weiter und beschäftige mich speziell mit dem Wesen des Bösen und mit der Wahl zwischen Gut und Böse. Schließlich ist das Buch in gewissem Sinn auch ein Gegenstück zu *The Art of Loving* (1956a). Während dort die Liebesfähigkeit des Menschen das Hauptthema war, ist es hier seine Fähigkeit zu zerstören, sein Narzißmus und seine inzestuöse Fixierung. Obgleich die Erörterung der Nicht-Liebe den größten Teil dieses Buches einnimmt, habe ich doch auch das Problem der Liebe in einem neuen, umfassenderen Sinn – nämlich im Sinn der Liebe zum Leben – wieder aufgegriffen. Ich versuche zu zeigen, daß die Liebe zum Lebendigen mit der Unabhängigkeit und der Überwindung des Narzißmus ein »Wachstumssyndrom« bildet, im Gegensatz zu dem aus der Liebe zum Toten, der inzestuösen Symbiose und dem bösartigen Narzißmus gebildeten »Verfallssyndrom«.

Aber nicht nur meine klinischen Erfahrungen, sondern auch die gesellschaftliche und politische Entwicklung der letzten Jahre hat mich zur Untersuchung dieses Verfallssyndroms veranlaßt. Immer drängender wird die Frage, weshalb trotz allen guten Willens und obwohl wir uns der Folgen eines Atomkriegs bewußt sind, die Versuche ihn abzuwenden so schwach sind im Vergleich zur Größe der Gefahr und Wahrscheinlichkeit eines Krieges. Gehen doch atomares Wettrüsten und Kalter Krieg unvermindert weiter. Diese Sorge hat mich veranlaßt, das Phänomen der Gleichgültigkeit dem Leben gegenüber in einer immer stärker mechanisierten Industriewelt zu untersuchen. In dieser Welt wird der Mensch zu einem Ding, was dazu führt, daß er dem Leben mit Angst und Gleichgültigkeit, wenn nicht gar mit Haß gegenübersteht. Überdies sehen wir uns durch die heutige Neigung zur Gewalttätigkeit, wie sie zum Beispiel in der Jugendkriminalität und in den politischen Morden zum Ausdruck kommt, vor die Aufgabe gestellt, als ersten Schritt auf dem Weg zu einer Änderung nach einer Erklärung zu suchen. Es erhebt sich die Frage, ob wir uns auf eine neue Barbarei zubewegen – selbst wenn es nicht zu einem Atomkrieg kommen sollte – oder ob eine Renaissance unserer humanistischen Tradition möglich ist.
Neben der Behandlung dieser Probleme möchte ich in diesem Buch das Verhältnis meiner psychoanalytischen Vorstellungen zu Freuds Theorien klarstellen. Ich war nie einverstanden, wenn man mich einer neuen »Schule« der Psychoanalyse zuordnete, mag man sie nun als »kulturelle Schule« oder als »Neo-Freudianismus« bezeichnen. Ich bin der Überzeugung, daß viele dieser neuen Schulen zwar wertvolle Einsichten entwickelt, aber auch viele der wichtigsten Entdeckungen Freuds dabei wieder verdeckt haben. Ganz gewiß bin ich kein »orthodoxer Freudianer«. Tatsächlich ist ja eine jede Theorie, die sich innerhalb von sechzig Jahren nicht ändert, aus eben diesem Grund nicht mehr die ursprüngliche Theorie des Meisters; sie ist eine versteinerte Wiederholung, und als Wiederholung ist sie dann in Wirklichkeit eine Entstellung. Freud hat seine grundlegenden Entdeckungen in einem ganz bestimmten philoso-

phischen Bezugssystem konzipiert, nämlich dem des mechanistischen Materialismus, zu dem sich die meisten Naturwissenschaftler zu Beginn unseres Jahrhunderts bekannten. Meiner Meinung nach erfordert die Weiterentwicklung von Freuds Gedanken ein anderes philosophisches Bezugssystem, nämlich das des *dialektischen Humanismus*. Ich versuche, in diesem Buch zu zeigen, daß Freuds weltanschauliche Prämissen seinen größten Entdeckungen, Ödipuskomplex, Narzißmus und Todestrieb im Wege standen und daß diese Entdeckungen, wenn man sie davon befreit und in einen neuen Bezugsrahmen herübernimmt, überzeugender und bedeutungsvoller werden.[1] Ich glaube, daß das Bezugssystem des Humanismus mit seiner paradoxen Mischung aus schonungsloser Kritik, kompromißlosem Realismus und rationalem Glauben eine fruchtbare Weiterentwicklung des Werks ermöglichen wird, zu dem Freud die Fundamente gelegt hat.

Noch eine weitere Bemerkung: Ich habe in diesem Buch großenteils auf die klinische Dokumentation verzichtet, wenngleich die dargelegten Gedanken sämtlich auf meiner klinischen Arbeit als Psychoanalytiker (und bis zu einem gewissen Grad auch auf meiner Beschäftigung mit ge-

[1] Ich möchte betonen, daß meine Auffassung von Psychonanalyse keineswegs Freuds Theorie durch eine sogenannte »existentialistische Analyse« ersetzen möchte. Dieser Ersatz für Freuds Theorie ist oft recht oberflächlich; man verwendet von Heidegger oder Sartre (oder Husserl) entlehnte Begriffe, ohne sie mit gründlich durchdachten klinischen Fakten in Beziehung zu setzen. Dies gilt ebenso für gewisse »existentialistische Psychoanalytiker« wie auch für Sartres psychologische Ideen, die zwar brillant formuliert, aber trotzdem oberflächlich und ohne solide klinische Fundierung sind. Sartres Existentialismus ist, genau wie der Heideggers, kein neuer Anfang, sondern ein Ende. Beides ist Ausdruck der Verzweiflung des westlichen Menschen nach der Katastrophe zweier Weltkriege und nach dem Regime Hitlers und Stalins. Aber es handelt sich nicht nur um den Ausdruck von Verzweiflung, sondern um Manifestationen eines extremen bürgerlichen Egoismus und Solipsismus. Bei Heidegger, der mit dem Nazismus sympathisierte, ist das leichter zu verstehen. Irreführender ist der Fall von Sartre, der behauptet, er sei Marxist und ein Philosoph der Zukunft. Er ist aber trotzdem der Exponent des Geistes der Gesellschaft der *anomie* und des Egoismus, an der er Kritik übt und die er verändern möchte. Was die Ansicht betrifft, daß das Leben keinen von Gott gegebenen und garantierten Sinn habe, so wird dieser Glaube von vielen Systemen vertreten, unter den Religionen vor allem vom Buddhismus. Mit der Behauptung, es gebe keine für alle Menschen gültigen objektiven Werte und mit Sartres Freiheitsbegriff, der auf egoistische Willkür hinausläuft, geht ihm und seinen Anhängern jedoch die wichtigste Errungenschaft der theistischen und der nicht-theistischen Religionen sowie der humanistischen Tradition verloren.

sellschaftlichen Prozessen) beruhen. Diese klinische Dokumentation möchte ich einem größeren Werk vorbehalten, das sich mit der Theorie und Therapie der humanistischen Psychoanalyse beschäftigen wird. Zum Schluß möchte ich mich noch bei Paul Edwards für seine kritischen Anregungen zu dem Kapitel über Freiheit, Determinismus und Alternativismus bedanken.

Erich Fromm

1

DER MENSCH – WOLF ODER SCHAF?

Viele sind der Ansicht, die Menschen seien Schafe; viele andere halten sie für reißende Wölfe. Beide Seiten können für ihren Standpunkt gute Argumente vorbringen. Wer die Menschen für Schafe hält, braucht nur darauf hinzuweisen, daß sie sich leicht dazu bringen lassen, die Befehle anderer auszuführen, und dies selbst dann, wenn es für sie selbst schädlich ist; daß sie ihren Führern immer wieder in den Krieg folgen, der ihnen nichts einbringt als Zerstörung; daß sie jedem Unsinn Glauben schenken, wenn er nur mit dem gehörigen Nachdruck vorgebracht und von Inhabern der Macht bekräftigt wird – von den schroffen Drohungen der Priester und Könige bis zu den sanften Stimmen der mehr oder weniger geheimen Verführer. Es scheint, daß die meisten Menschen so leicht beeinflußbar sind wie halbwache Kinder und daß sie bereit sind, sich jedem willenlos auszuliefern, der mit drohender oder einschmeichelnder Stimme eindringlich genug auf sie einredet. Ein Mensch mit einer Überzeugung, die so stark ist, daß er dem Widerstand der Menge trotzt, ist die Ausnahme und nicht die Regel und wird oft noch von späteren Jahrhunderten bewundert, von den eigenen Zeitgenossen aber meist verlacht.

Auf eben dieser Annahme, daß die Menschen Schafe seien, haben die Großinquisitoren und Diktatoren ihre Machtsysteme aufgebaut. Und eben diese Überzeugung, daß die Menschen Schafe seien und daher Führer brauchten, die für sie die Entscheidungen treffen, hat den Führern oft die ehrliche Überzeugung verliehen, daß sie geradezu eine moralische – wenn auch gelegentlich tragische – Pflicht erfüllten, wenn sie den Menschen gaben, was sie wollten: wenn sie die Führung übernahmen und die Last der Verantwortung und der Freiheit abnahmen.

Wenn aber die meisten Menschen Schafe sind, wie kommt es dann, daß sie ein so völlig anderes Leben führen als Schafe? Die Geschichte der Menschheit ist mit Blut geschrieben; es ist eine Geschichte nie abreißender Gewalttaten, denn fast immer hat man sich die anderen mit Gewalt gefügig gemacht. Hat Talaat Pascha Millionen von Armeniern allein umgebracht? Hat Hitler Millionen von Juden allein umgebracht? Hat Stalin Millionen seiner politischen Gegner allein umgebracht? Nein. Diese Männer standen nicht allein; sie verfügten über Tausende, die für sie töteten, für sie folterten und die es nicht nur willig, sondern sogar mit Vergnügen taten. Stoßen wir nicht überall auf die Unmenschlichkeit des Menschen – bei seiner erbarmungslosen Kriegsführung, bei Mord und Vergewaltigung, bei der rücksichtslosen Ausbeutung des Schwächeren durch den Stärkeren? Und wie oft begegnen die Seufzer der gemarterten und leidenden Kreatur tauben Ohren und verhärteten Herzen! Aus all dem zog ein Denker wie Hobbes den Schluß: *homo homini lupus* – der Mensch ist seinem Mitmenschen ein Wolf. Heute folgern viele von uns daraus, daß der Mensch von Natur bösartig und destruktiv sei, daß er ein Mörder sei, den nur die Angst vor noch stärkeren Mördern von seiner Lieblingsbeschäftigung abhalte.

Und doch wirken die von beiden Seiten vorgebrachten Argumente nicht überzeugend. Wir mögen zwar persönlich einigen potentiellen oder notorischen Mördern und Sadisten begegnet sein, die es an Skrupellosigkeit mit Stalin und Hitler aufnehmen konnten, aber es waren doch Ausnahmen und nicht die Regel. Sollen wir tatsächlich annehmen, daß wir selbst und die meisten Durchschnittsmenschen Wölfe im Schafspelz sind, und daß unsere »wahre Natur« zum Vorschein kommen wird, sobald wir die Hemmungen ablegen, die uns bisher gehindert haben, uns wie wilde Tiere zu verhalten? Man kann das zwar schwer widerlegen, aber ganz überzeugend ist es auch nicht. Im täglichen Leben gibt es häufig Gelegenheiten zur Grausamkeit und zum Sadismus, die man wahrnehmen könnte, ohne daß man Angst vor Vergeltung haben müßte; trotzdem lassen sich viele nicht darauf ein; ganz im Gegenteil reagieren sie mit Abscheu, wenn sie auf Grausamkeit und Sadismus stoßen.

Gibt es dann vielleicht eine andere, bessere Erklärung für diesen merkwürdigen Widerspruch? Lautet vielleicht die einfache Antwort, daß eine Minderheit von Wölfen Seite an Seite mit einer Mehrheit von Schafen lebt? Die Wölfe wollen töten; die Schafe wollen tun, was man ihnen befiehlt. So bringen die Wölfe die Schafe dazu zu töten, zu morden und zu erwürgen, und die Schafe tun es, nicht etwa weil es ihnen Freude macht, sondern weil sie folgen wollen; und darüber hinaus müssen die Mörder noch Geschichten erfinden, die von ihrer gerechten Sache, von der Verteidigung der bedrohten Freiheit, von der Rache für mit dem Bajonett erstochene Kinder, von vergewaltigten Frauen und von verletzter Ehre handeln, um die Mehrheit der Schafe dazu zu bringen, sich wie Wölfe zu verhalten. Diese Antwort klingt plausibel, doch läßt sie immer noch viele Zweifel bestehen. Besagt sie nicht, daß es sozusagen zwei menschliche Rassen gibt – die der Wölfe und die der Schafe? Außerdem stellt sich die Frage, woher es kommt, daß sich die Schafe so leicht dazu verführen lassen, sich wie Wölfe aufzuführen, wenn es nicht in ihrer Natur liegt, selbst dann, wenn man ihnen die Gewalttätigkeit als heilige Pflicht hinstellt. Vielleicht ist das, was wir über die Wölfe und Schafe gesagt haben, doch nicht haltbar? Vielleicht trifft es doch zu, daß die wesentliche Eigenschaft im Menschen das Wölfische ist, und daß die meisten das nur nicht so offen zeigen? Oder handelt es sich vielleicht gar nicht um eine Alternative? Ist der Mensch vielleicht sowohl Wolf als auch Schaf – oder ist er weder Wolf noch Schaf?

Die Antwort auf diese Fragen ist heute von ausschlaggebender Bedeutung, wo die Nationen zur Vernichtung ihrer »Feinde« den Einsatz gefährlichster Zerstörungswaffen erwägen und sich offenbar nicht einmal durch die Möglichkeit abschrecken lassen, daß sie bei der Massenvernichtung selbst mit untergehen könnten. Wenn wir überzeugt sind, daß der Mensch von Natur aus zur Zerstörung neigt, daß das Bedürfnis, Gewalt anzuwenden, tief in seinem Wesen verwurzelt ist, dann wird unser Widerstand gegen die ständig zunehmende Brutalisierung immer schwächer werden. Warum sollte man sich den Wölfen widersetzen, wenn wir *alle* Wölfe sind, die einen mehr und die anderen weniger?

Die Frage, ob der Mensch Wolf oder Schaf ist, ist nur die zugespitzte Formulierung einer Frage, dic in einem weiteren und allgemeineren Sinn zu den grundlegenden Problemen des theologischen und philosophischen Denkens in der westlichen Welt gehört: Ist der Mensch seinem Wesen nach böse und verderbt, oder ist er seinem Wesen nach gut und fähig, sich zu vervollkommnen? Das Alte Testament steht nicht auf dem

Standpunkt, daß der Mensch grundsätzlich verderbt ist. Adams und Evas *Ungehorsam* gegen Gott wird nicht als Sünde bezeichnet; wir finden nirgends einen Hinweis darauf, daß dieser Ungehorsam den Menschen verderbt gemacht habe. Im Gegenteil ist dieser Ungehorsam die Vorbedingung dafür, daß der Mensch sich seiner selbst bewußt wurde und daß er fähig ist, sich für etwas zu entscheiden, so daß dieser erste Akt des Ungehorsams letzten Endes der erste Schritt des Menschen auf dem Weg zur Freiheit ist. Es scheint so, als wäre dieser Ungehorsam sogar in Gottes Plan beschlossen gewesen; denn nach Auffassung der Propheten ist der Mensch gerade dadurch, *daß* er aus dem Paradies vertrieben wurde, in die Lage versetzt worden, seine Geschichte selbst zu gestalten, seine menschlichen Kräfte zu entwickeln und als voll entwickeltes Individuum mit seinem Mitmenschen und der Natur zu einer neuen Harmonie zu gelangen, die an die Stelle der früheren Harmonie tritt, als der Mensch *noch kein* Individuum war. Ganz sicher geht der messianische Gedanke der Propheten davon aus, daß der Mensch nicht grundsätzlich verderbt ist und ohne einen besonderen Gnadenakt Gottes errettet werden kann.

Freilich ist damit nicht gesagt, daß seine Anlage zum Guten auch unbedingt den Sieg davontragen wird. Wenn der Mensch Böses tut, wird er selbst auch böser. So »verhärtet« sich das Herz des Pharao, weil er immer weiter Böses tut; es verhärtet sich so sehr, daß schließlich ein Punkt erreicht ist, an dem für ihn keine Umkehr und keine Buße mehr möglich ist. Das Alte Testament enthält mindestens ebenso viele Beispiele von Übeltätern wie von Gerechten und nimmt nicht einmal so erhabene Gestalten wie König David aus. Nach Auffassung des Alten Testaments besitzt der Mensch beide Fähigkeiten – die zum Guten und die zum Bösen – und er muß zwischen Gut und Böse, Segen und Fluch, Leben und Tod wählen. Gott greift nicht einmal in diese Entscheidung ein; er hilft, indem er seine Boten, die Propheten, schickt, um die Menschen zu lehren, wie sie das Gute verwirklichen und das Böse erkennen können, und um zu warnen und zu protestieren. Aber nachdem dies geschehen ist, bleibt der Mensch mit seinen »beiden Trieben« sich selbst überlassen, dem Trieb zum Guten und dem zum Bösen, und er allein muß sich entscheiden.

Die christliche Entwicklung verlief anders. Im Verlauf der Entwicklung der christlichen Kirche entstand die Auffassung, daß Adams Ungehorsam Sünde war, und zwar eine so schwere Sünde, daß durch sie seine Natur und gleichzeitig die aller seiner Nachkommen verdorben wurde, so daß der Mensch sich aus eigener Anstrengung nun nicht mehr aus dieser Verderbtheit befreien kann. Nur ein Gnadenakt Gottes, das Erscheinen Christi, der für die Menschen starb, kann die Verderbtheit des Menschen tilgen und die, welche sich zu Christus bekennen, erlösen.

Allerdings blieb das Dogma von der Erbsünde in der Kirche keineswegs unwidersprochen. Pelagius griff es an, drang aber nicht durch. In der Renaissance bemühten sich die Humanisten innerhalb der Kirche es abzuschwächen, wenngleich sie es nicht direkt bekämpfen oder widerlegen konnten, wie es zahlreiche Ketzer taten. Luther war allerdings noch radikaler in seiner Überzeugung von der angeborenen Schlechtigkeit und Verderbtheit des Menschen, während Denker der Renaissance und später der Aufklärung einen drastischen Schritt in entgegengesetzter Richtung wagten. Letztere behaupteten, alles Böse im Menschen sei nur die Folge äußerer Umstände, und der Mensch habe daher in Wirklichkeit gar nicht die Möglichkeit der Wahl. Sie meinten, man brauche nur die Umstände zu ändern, aus denen das Böse erwächst, und das ursprüngliche Gute im Menschen werde fast automatisch zum Vorschein kommen. Diese Auffassung hat auch das Denken von Marx und seinen Nachfolgern beeinflußt. Der Glaube, daß der Mensch im Grunde gut sei, entsprang einem neuen Selbstvertrauen, das sich der Mensch durch die ungeheuren wirtschaftlichen und politischen Fortschritte seit der Renaissance erworben hatte. Umgekehrt hat der moralische Bankrott des Westens, der mit dem Ersten Weltkrieg begann und über Hitler und Stalin, über Coventry und Hiroshima zur gegenwärtigen Vorbereitung der universalen Vernichtung führte, bewirkt, daß die Neigung des Menschen zum Bösen wieder stärker betont wurde. Dies war an sich eine gesunde Gegenreaktion gegen die Unterschätzung des angeborenen Potentials des Menschen zum Bösen; es diente aber nur allzu oft dazu, all die lächerlich zu machen, die noch nicht ihren Glauben an den Menschen verloren hatten, indem man ihre Auffassung mißverstand und gelegentlich sogar absichtlich verzerrte.

Auch mir hat man unberechtigterweise oft vorgeworfen, ich unterschätze das Potential des Menschen zum Bösen. Ich möchte betonen, daß mir ein solch sentimentaler Optimismus fernliegt. Wer eine lange klinische Erfahrung als Psychoanalytiker besitzt, dürfte kaum geneigt sein, die destruktiven Kräfte im Menschen zu unterschätzen. Er sieht diese Kräfte bei schwerkranken Patienten am Werk und erlebt hier, wie ungeheuer schwierig es ist, ihnen Einhalt zu gebieten oder ihre Energie in konstruktive Bahnen zu lenken. Auch dürfte es allen, die den explosiven Ausbruch des Bösen und der Zerstörungswut seit dem Beginn des Ersten Weltkriegs miterlebt haben, genauso schwerfallen, die Macht und Intensität der menschlichen Destruktivität zu übersehen. Es besteht jedoch die Gefahr, daß das Gefühl der Ohnmacht, das den Menschen – den Intellektuellen wie den Durchschnittsmenschen – heute immer stärker ergreift, dazu führen könnte, daß er sich eine neue Version von der Verderbtheit und Erbsünde zu eigen macht und sie zur Rationalisierung der defätistischen Ansicht benutzt, daß der Krieg als Folge der Destruktivität der menschlichen Natur unvermeidbar sei. Eine derartige Ansicht, die sich gelegentlich mit ihrem exquisiten Realismus brüstet, ist aus zwei Gründen unrealistisch. Erstens besagt die Intensität destruktiver Strebungen keineswegs, daß sie unüberwindlich oder auch nur dominant seien. Der zweite Irrtum liegt in der Prämisse, daß Kriege in erster Linie das Ergebnis psychologischer Kräfte seien. Es erübrigt sich, auf diesen Trugschluß des »Psychologismus« bei der Erklärung gesellschaftlicher und politischer Probleme näher einzugehen. Kriege entstehen durch die Entscheidung politischer, militärischer und wirtschaftlicher Führer, um auf diese Weise Land, Bodenschätze und Handelsvorteile zu gewinnen, um sich gegen eine wirkliche oder angebliche Bedrohung der Sicherheit ihres Landes durch eine andere Macht zu verteidigen, oder auch um ihr persönliches Prestige zu erhöhen und Ruhm für sich zu ernten. Diese Männer unterscheiden sich nicht vom Durchschnittsmenschen: Sie sind egoistisch und kaum bereit, zugunsten anderer auf einen persönlichen Vorteil zu verzichten, aber sie sind weder grausam noch bösartig. Wenn solche Menschen – die im normalen Leben wahrscheinlich mehr Gutes als Böses bewirken würden – in Machtstellungen kommen, in denen sie über Millionen befehlen und über die schlimmsten Vernichtungswaffen verfügen, so können sie ungeheuren Schaden anrichten. Im bürgerlichen Leben hätten sie vielleicht einen Konkurrenten zugrunde gerichtet; in unserer Welt mächtiger und souveräner Staaten (dabei bedeutet »souverän«: keinem moralischen Gesetz unterworfen, das die Handlungsfreiheit des souveränen Staates einschränken könnte) können sie die ganze menschliche Rasse ausrotten. *Der normale Mensch mit außergewöhnlicher Macht* ist die Hauptgefahr für die Menschheit – nicht der Unhold oder der Sadist. Aber genauso wie man Waffen braucht, um einen Krieg zu führen, so braucht man auch die Leidenschaften des Hasses, der Empörung, der Destruktivität und Angst, wenn man Millionen dazu bringen will, ihr Leben aufs Spiel zu setzen und zu Mördern zu werden. Diese Leidenschaften sind die notwendigen Vorbedingungen für das Führen von Kriegen; sie sind nicht deren Ursache, genausowenig wie Kanonen und Bomben als solche schon die Ursache von Kriegen sind. Viele meinen, ein Atomkrieg unterscheide sich in dieser Hinsicht von einem traditionellen Krieg. Jemand, der nur auf einen Knopf drückt und auf diese Weise Atombomben auslöst, von denen jede Hunderttausende töten kann, wird dabei kaum dasselbe Erlebnis des Tötens haben wie früher ein Soldat, der sein Bajonett oder ein Maschinengewehr dazu benutzte. Aber selbst wenn das Abfeuern einer Atomrakete im Bewußtsein des Betreffenden nur als gehorsame Ausführung eines Befehls erlebt wird, so bleibt doch die Frage, ob nicht in tieferen Schichten der Persönlichkeit doch destruktive Impulse oder wenigstens eine tiefe Gleichgültigkeit gegenüber dem Leben vorhanden sein müssen, damit eine solche Handlung überhaupt möglich wird.

Ich werde drei Phänomene herausgreifen, die meiner Meinung nach der bösartigsten und gefährlichsten Form menschlicher Orientierung zugrunde liegen: die Liebe zum Toten, den bösartigen Narzißmus und die symbiotisch-inzestuöse Fixierung. Zusammengenommen bilden diese drei Orientierungen das »Verfallssyndrom«, welches den *Menschen dazu treibt, um der Zerstörung willen zu zerstören* und um des Hasses willen zu hassen. Ich werde aber auch das »Wachstumssyndrom« behandeln, das aus der Liebe zum Lebendigen, aus der Liebe zum Menschen und aus der Unabhängigkeit besteht. Nur bei wenigen Menschen ist eines dieser beiden Syndrome voll entwickelt. Aber es gibt keinen Zweifel darüber, daß jeder Mensch in der einen oder anderen von ihm gewählten Richtung voranschreitet: in Richtung auf das Lebendige oder auf das Tote, zum Guten hin oder zum Bösen.

2

VERSCHIEDENE FORMEN DER GEWALTTÄTIGKEIT

Wenn sich dieses Buch auch hauptsächlich mit den bösartigen Formen der Destruktivität befaßt, möchte ich doch zunächst einige andere Formen der Gewalttätigkeit behandeln. Ich habe nicht etwa vor, sie erschöpfend zu erörtern, ich glaube jedoch, daß die Beschäftigung mit weniger pathologischen Manifestationen der Gewalttätigkeit zu einem besseren Verständnis der schwer pathologischen und bösartigen Formen der Destruktivität verhelfen kann. Die Unterscheidung zwischen den verschiedenen Typen der Gewalttätigkeit basiert auf dem Unterschied zwischen ihren jeweiligen unbewußten Motivationen, denn nur wenn wir die unbewußte Dynamik des Verhaltens verstehen, können wir auch das Verhalten selbst, seine Wurzeln, seinen Verlauf und die Energie, mit der es geladen ist, begreifen.[1]

Die normalste und am wenigsten pathologische Form ist die *spielerische Gewalttätigkeit.* Wir finden sie dort, wo man sich ihrer bedient, um Geschicklichkeit vor Augen zu führen und nicht um Zerstörung anzurichten, dort wo sie nicht von Haß oder Destruktivität motiviert ist. Für diese spielerische Gewalttätigkeit lassen sich Beispiele vieler Art anführen, von den Kriegsspielen primitiver Stämme bis zur Kunst des Schwertkampfes im Zen-Buddhismus. Bei all diesen Kampfspielen geht es nicht darum, den Gegner zu töten; selbst wenn dieser dabei zu Tode kommt, so ist es sozusagen sein Fehler, weil er »an der falschen Stelle gestanden hat«. Natürlich beziehen wir uns nur auf den idealen Typ solcher Spiele,

[1] Zu den verschiedenen Formen der Aggression vgl. das umfangreiche Material in psychoanalytischen Untersuchungen, vor allem zahlreiche Artikel in der Zeitschrift *The Psychoanalytic Study of the Child* (New York); speziell zum Problem der menschlichen und der tierischen Aggression vgl. J. P. Scott 1958; A. H. Buss 1961 und L. Berkowitz 1962.

wenn wir behaupten, daß bei der spielerischen Gewalttätigkeit ein Zerstörungswille nicht vorhanden sei. In Wirklichkeit dürfte man häufig unbewußte Aggression und Destruktivität hinter den explizit festgelegten Spielregeln finden. Aber selbst dann ist die Hauptmotivation, daß man seine Geschicklichkeit zeigt, und nicht, daß man etwas zerstören will.

Von weit größerer praktischer Bedeutung als die spielerische Gewalttätigkeit ist die *reaktive Gewalttätigkeit.* Darunter verstehe ich die Gewalttätigkeit, die bei der Verteidigung des Lebens, der Freiheit, der Würde oder auch des eigenen oder fremden Eigentums in Erscheinung tritt. Sie wurzelt in der Angst und ist aus eben diesem Grund vermutlich die häufigste Form der Gewalttätigkeit; diese Angst kann real oder eingebildet, bewußt oder unbewußt sein. Dieser Typ der Gewalttätigkeit steht im Dienste des Lebens und nicht des Todes; sein Ziel ist Erhaltung und nicht Zerstörung. Er entspringt nicht ausschließlich irrationalen Leidenschaften, sondern bis zu einem gewissen Grad vernünftiger Berechnung, weshalb dabei Zweck und Mittel auch einigermaßen zueinander im Verhältnis stehen. Man hat eingewandt, von einer höheren geistigen Warte aus gesehen sei das Töten – selbst zum Zweck der Selbstverteidigung – niemals moralisch gerechtfertigt. Aber die meisten, die diese Überzeugung vertreten, räumen ein, daß die Anwendung von Gewalt zur Verteidigung des Lebens ihrem Wesen nach doch etwas anderes ist als die Gewalttätigkeit, die der Zerstörung um ihrer selbst willen dient.

Sehr oft beruht das Gefühl bedroht zu sein und die daraus resultierende reaktive Gewalttätigkeit nicht auf realen Gegebenheiten, sondern auf einer Manipulation des Denkens; politische und religiöse Führer reden ihren Anhängern ein, sie seien von einem Feind bedroht, und erregen auf diese Weise die subjektive Reaktion reaktiver Feindseligkeit. Daher ist auch die Unterscheidung zwischen gerechten und ungerechtfertigten Kriegen, die von kapitalistischen und kommunistischen Regierungen genauso vertreten wird wie von der römisch-katholischen Kirche, höchst fragwürdig, da gewöhnlich jede Partei es fertigbringt, ihre Position als Verteidigung gegen einen Angriff hinzustellen.[2] Es hat kaum einen An-

[2] 1939 mußte Hitler einen Angriff auf einen schlesischen Radiosender durch angeblich polnische Freischärler (die in Wirklichkeit SA-Leute waren) vortäuschen, um bei der Bevölkerung den Eindruck zu erwecken, daß sie angegriffen würde, damit er seinen willkürlichen Angriff auf Polen als »gerechten Krieg« hinstellen konnte.

griffskrieg gegeben, den man nicht als Verteidigungskrieg hinstellen konnte. Die Frage, wer mit Recht von sich sagen konnte, daß er sich verteidigte, wird gewöhnlich von den Siegern entschieden und manchmal erst viel später von objektiveren Historikern. Die Tendenz, jeden Krieg als Verteidigungskrieg hinzustellen, zeigt zweierlei: Erstens läßt sich die Mehrheit der Menschen, wenigstens in den meisten zivilisierten Ländern, nicht dazu bewegen zu töten und zu sterben, wenn man sie nicht vorher davon überzeugt hat, daß sie es tun, um ihr Leben und ihre Freiheit zu verteidigen; zweitens zeigt es, daß es nicht schwer ist, Millionen von Menschen einzureden, sie seien in Gefahr angegriffen zu werden und müßten sich daher verteidigen. Diese Beeinflußbarkeit beruht in erster Linie auf einem Mangel an unabhängigem Denken und Fühlen und auf der emotionalen Abhängigkeit der allermeisten Menschen von ihren politischen Führern. Falls diese Abhängigkeit vorhanden ist, wird so gut wie alles, was mit Nachdruck und Überzeugungskraft vorgebracht wird, für bare Münze genommen. Die psychologischen Folgen sind natürlich die gleichen, ob es sich um eine angebliche oder um eine wirkliche Bedrohung handelt. Die Menschen *fühlen* sich bedroht und sind bereit, zu ihrer Verteidigung zu töten und zu zerstören. Den gleichen Mechanismus finden wir beim paranoiden Verfolgungswahn, nur handelt es sich da nicht um eine Gruppe, sondern um einen einzelnen. Aber in beiden Fällen fühlt sich der Betreffende subjektiv bedroht und reagiert aggressiv. Ein anderer Typ der reaktiven Gewalttätigkeit ist jene, die durch *Frustration* erzeugt wird. Aggressives Verhalten findet sich bei Tieren, Kindern und Erwachsenen, wenn bei ihnen ein Wunsch oder ein Bedürfnis unbefriedigt bleibt (vgl. J. Dollard et al., 1939). Ein solches aggressives Verhalten stellt einen, wenn auch oft vergeblichen, Versuch dar, sich das, was einem vorenthalten wird, mit Gewalt zu verschaffen. Es handelt sich dabei zweifellos um eine Aggression im Dienst des Lebens und nicht um der Zerstörung willen. Da die Frustration von Bedürfnissen und Wünschen bis zum heutigen Tag in den meisten Gesellschaften eine allgemeine Erscheinung war und ist, besteht kein Grund, sich darüber zu wundern, daß Gewalttätigkeit und Aggression ständig entstehen und sich äußern.

Mit der aus Frustration resultierenden Aggression verwandt ist die aus *Neid* und *Eifersucht* entstehende Feindseligkeit. Sowohl Eifersucht als auch Neid sind eine spezielle Art der Frustration. Sie gehen darauf zurück, daß B etwas besitzt, was A gern haben möchte, oder daß B von einer Person geliebt wird, deren Liebe A begehrt. In A erwacht dann Haß und Feindseligkeit gegen B, der das bekommt, was A haben möchte und nicht haben kann. Neid und Eifersucht sind Frustrationen, die dadurch noch verschärft werden, daß A nicht nur das, was er sich wünscht, nicht bekommt, sondern auch, daß jemand anderes statt seiner in den Genuß kommt. Die Geschichte von dem ohne eigene Schuld ungeliebten Kain, der seinen bevorzugten Bruder erschlägt, und die Geschichte von Joseph und seinen Brüdern sind klassische Beispiele für Eifersucht und Neid. Das psychoanalytische Schrifttum enthält eine Fülle von klinischen Daten über diese Phänomene.

Ein weiterer Typ, der zwar mit der reaktiven Gewalttätigkeit verwandt, aber dem Pathologischen bereits um einen Schritt näher ist, ist die *rachsüchtige Gewalttätigkeit*. Bei der reaktiven Gewalttätigkeit geht es darum, eine drohende Schädigung zu verhüten, weshalb diese Art der biologischen Funktion des Überlebens dient. Bei der rachsüchtigen Gewalttätigkeit dagegen ist die Schädigung bereits geschehen, so daß die Gewaltanwendung nicht mehr die Funktion der Verteidigung besitzt. Sie hat die irrationale Funktion, auf magische Art das, was in der Realität geschehen ist, wieder ungeschehen zu machen. Wir finden die rachsüchtige Gewalttätigkeit sowohl bei Einzelpersonen wie auch bei primitiven und zivilisierten Gruppen. Analysieren wir den irrationalen Charakter dieses Typs von Gewalttätigkeit, so können wir noch einen Schritt weitergehen. Das Rachemotiv steht im umgekehrten Verhältnis zur Stärke und Produktivität einer Gruppe oder eines Individuums. Der Schwächling und der Krüppel besitzt keine andere Möglichkeit, seine zerstörte Selbstachtung wiederherzustellen, als nach der *lex talionis* (»Auge um Auge, Zahn um Zahn«) Rache zu nehmen. Dagegen hat der produktiv lebende Mensch dieses Bedürfnis nicht oder nur kaum. Selbst wenn er verletzt, beleidigt oder verwundet wurde, vergißt er eben durch die Produktivität seines Lebens das, was ihm in der Vergangenheit angetan wurde. Seine Fähigkeit, etwas zu schaffen, erweist sich als stärker als sein Verlangen nach Rache. Die Richtigkeit dieser Analyse läßt sich beim einzelnen wie auch auf gesellschaftlicher Ebene leicht mit empirischen Daten belegen. Aus dem psychoanalytischen Material geht hervor, daß der reife, produktive Mensch weniger von der Rachsucht motiviert ist als der Neurotiker, dem es schwerfällt, ein ausgefülltes, unabhängiges Leben zu führen, und der oft dazu neigt, seine gesamte Existenz um seiner Rache willen aufs Spiel zu setzen. Bei schweren psychischen Erkrankungen wird die Rache zum beherrschenden Lebenszweck, da ohne diese Rache nicht nur die Selbstachtung, sondern auch das Selbstgefühl und das Identitätserleben zusammenzubrechen drohen. Ebenso ist festzustellen, daß in den rückständigen Gruppen (im ökonomischen oder kulturellen und emotionalen Bereich) das Rachegefühl (zum Beispiel für eine nationale Niederlage) am stärksten zu sein scheint. So ist das Kleinbürgertum, dem es bei den Industrievölkern am schlechtesten geht, in vielen Ländern der Hauptherd der Rachegefühle, wie es ja auch der Hauptherd der rassistischen und nationalistischen Gefühle ist. Mit einem »projektiven Fragebogen«[3] könnte man leicht eine Korrelation zwischen der Intensität der Rachegefühle und der wirtschaftlichen und kulturellen Verarmung feststellen. Schwieriger dürfte es sein, die Rache bei primitiven Gesellschaften richtig zu verstehen. Bei vielen primitiven Gesellschaften finden wir intensive, ja sogar institutionalisierte Rachegefühle und -modelle, und die gesamte Gruppe fühlt sich zur Rache verpflichtet, wenn einem ihrer Mitglieder ein Schaden zugefügt worden ist. Hier dürften zwei Faktoren eine entscheidende Rolle spielen. Der erste entspricht ziemlich genau dem oben erwähnten: Es ist die Atmosphäre psychischer Armut, die in der primitiven Gruppe herrscht, welche die Rache zu einem unentbehrlichen Mittel macht, den Verlust wieder auszugleichen. Der zweite Faktor ist der Narzißmus, eine Erscheinung, auf die ich im vierten Kapitel ausführlich zu sprechen komme. Hier möchte ich mich auf die Feststellung beschränken, daß in der primitiven Gruppe ein so intensiver Narzißmus herrscht, daß jede Herabsetzung ihres Selbstbildes sich so verheerend auswirkt, daß unausweichlich eine starke Feindseligkeit entsteht.

Eng verwandt mit der Gewalttätigkeit aus Rache ist eine weitere Art der Destruktivität, welche auf die *Erschütterung eines Glaubens* zurückzu-

[3] Bei einem »projektiven Fragebogen« sind die Antworten offen *(open-ended questionnaire)* und werden auf ihre unbewußte und unbeabsichtigte Bedeutung hin interpretiert. Auf diese Weise erhält man Daten nicht über die »Meinungen«, sondern über die im Befragten unbewußt wirkenden Kräfte.

führen ist, zu der es oft im Leben eines Kindes kommt. Was ist hier unter »Erschütterung eines Glaubens« zu verstehen?

Das Kind beginnt sein Leben im Glauben an Güte, Liebe und Gerechtigkeit. Der Säugling vertraut der mütterlichen Brust; er vertraut darauf, daß die Mutter bereit ist, ihn zuzudecken, wenn er friert, und ihn zu pflegen, wenn er krank ist. Dieses Vertrauen des Kindes kann sich auf den Vater, die Mutter, den Großvater oder die Großmutter oder auf irgendeine andere Person beziehen, die ihm nahesteht; es kann sich auch als Glaube an Gott äußern. Bei vielen Menschen wird dieser Glaube schon in früher Kindheit erschüttert. Das Kind hört mit an, wie der Vater in einer wichtigen Angelegenheit lügt; es erlebt dessen feige Angst vor der Mutter, wobei es dem Vater nichts ausmacht, das Kind im Stich zu lassen, um sie zu beruhigen; es beobachtet die Eltern beim Geschlechtsakt, wobei ihm vielleicht der Vater wie ein brutales Tier vorkommt; es ist unglücklich oder verängstigt und weder der Vater noch die Mutter, die doch angeblich um sein Wohlergehen so besorgt sind, bemerkt dies, sie hören ihm nicht einmal zu, wenn es darüber spricht. Immer und immer wieder wird dieser ursprüngliche Glaube an die Liebe, Wahrhaftigkeit und Gerechtigkeit der Eltern erschüttert. Bei religiös erzogenen Kindern bezieht sich dieser Verlust des Glaubens auch gelegentlich auf Gott direkt. Ein Kind erlebt den Tod eines Vögelchens, das es liebt, eines Freundes oder eines Schwesterchens, und sein Glaube an Gottes Güte und Gerechtigkeit erleidet einen schweren Schlag. Aber es kommt dabei kaum darauf an, ob es sich um den Glauben an einen Menschen oder an Gott handelt, der da erschüttert wird. Stets zerbricht dabei der Glaube an das Leben, an die Möglichkeit, dem Leben zu vertrauen, Zutrauen zu ihm haben zu können. Natürlich macht jedes Kind eine Reihe von Enttäuschungen durch; entscheidend ist jedoch die Bitterkeit und Schwere einer speziellen Enttäuschung. Oft kommt es bereits im frühen Kindesalter zu diesem ersten, entscheidenden Erlebnis, das den Glauben zerstört: schon im Alter von vier, fünf oder sechs Jahren oder sogar schon viel früher, in einem Alter, an das man sich später kaum noch erinnert. Oft auch erfolgt die endgültige Zerstörung des Glaubens erst in einem viel späteren Alter, wenn man von einem Freund, vom Liebespartner, vom Lehrer oder von einem religiösen oder politischen Führer hintergangen wird, dem man vertraute. Nur selten handelt es sich dabei

um ein einzelnes Vorkommnis, meist sind es vielmehr eine Reihe kleiner Erlebnisse, die zusammengenommen den Glauben eines Menschen zerstören. Die Reaktion auf solche Erlebnisse ist unterschiedlich. Der eine reagiert vielleicht so, daß er seine Abhängigkeit von dem Betreffenden, der ihn enttäuscht hat, verliert und selbst unabhängiger und hierdurch fähig wird, sich neue Freunde, Lehrer oder geliebte Menschen zu suchen, denen er vertraut und an die er glaubt. Dies ist die wünschenswerteste Reaktion auf frühe Enttäuschungen. In vielen anderen Fällen führen diese aber dazu, daß der Betreffende skeptisch bleibt, daß er auf ein Wunder hofft, das ihm seinen Glauben zurückgibt, daß er die Menschen testet und daß er, falls er auch von diesen enttäuscht wird, wieder andere testet oder sich einer machtvollen Autorität (der Kirche oder einer politischen Partei oder einem Führer) in die Arme wirft, um seinen Glauben zurückzugewinnen. Oft überwindet er seine Verzweiflung darüber, den Glauben an das Leben verloren zu haben, auch damit, daß er krampfhaft weltlichen Zielen – dem Geld, der Macht oder dem Prestige – nachjagt.
Im Kontext der Gewalttätigkeit ist noch eine weitere wichtige Reaktion zu erwähnen. Ein tief enttäuschter Mensch, der sich hintergangen fühlt, kann ebenfalls anfangen, das Leben zu hassen. Wenn man sich auf nichts und niemand mehr verlassen kann, wenn sich der Glaube eines Menschen an das Gute und die Gerechtigkeit als törichte Illusion erwiesen hat, wenn der Teufel und nicht Gott regiert, dann wird das Leben in der Tat hassenswert, und der Schmerz weiterer Enttäuschungen läßt sich nicht mehr ertragen. Man möchte dann geradezu beweisen, daß das Leben böse ist, daß die Menschen böse sind, daß man selber böse ist. Enttäuschter Glaube und enttäuschte Liebe zum Leben machen den Menschen zum Zyniker und Zerstörer. Es handelt sich dann um die Destruktivität der Verzweiflung; die Enttäuschung über das Leben führt zum Lebenshaß.
In meiner klinischen Tätigkeit bin ich solchen tiefgehenden Erlebnissen des Glaubensverlustes häufig begegnet; sie bilden oft das signifikanteste Leitmotiv im Leben eines Menschen. Das gleiche gilt auch im gesellschaftlichen Leben, wenn sich Führer, denen man vertraute, als schlecht oder unfähig erweisen. Wer nicht mit verstärkter Unabhängigkeit darauf reagiert, verfällt oft in Zynismus oder Destruktivität.
Während alle diese Formen der Gewalttätigkeit noch irgendwie im

Dienst des Lebens stehen – tatsächlich, magisch oder doch wenigstens als Folge einer erlittenen Schädigung oder Enttäuschung im Leben –, ist die *kompensatorische Gewalttätigkeit*, auf die wir jetzt zu sprechen kommen wollen, schon stärker pathologisch, wenn sie dies auch noch nicht auf so drastische Weise ist wie die Nekrophilie, auf die wir im dritten Kapitel eingehen werden.

Unter kompensatorischer Gewalttätigkeit verstehe ich die Gewalttätigkeit, die einem impotenten Menschen als *Ersatz* für produktive Tätigkeit dient. Um verständlich zu machen, was ich hier unter »Impotenz« verstehe, muß ich einige Bemerkungen vorausschicken. Obwohl der Mensch das Objekt von Naturkräften und gesellschaftlichen Kräften ist, die ihn beherrschen, ist er dennoch nicht *nur* Objekt der jeweiligen Umstände. Er besitzt den Willen, die Fähigkeit und die Freiheit, die Welt zu verwandeln und zu verändern, wenn auch nur innerhalb gewisser Grenzen. Das Entscheidende dabei ist nicht die Stärke seines Willens und das Ausmaß seiner Freiheit (zum Freiheitsproblem siehe unten), sondern die Tatsache, daß der Mensch eine absolute Passivität nicht erträgt. Es treibt ihn dazu, der Welt seinen Stempel aufzudrücken, sie zu verwandeln und zu verändern, und nicht nur selbst verwandelt und verändert *zu werden*. Dieses menschliche Bedürfnis kommt bereits in den Höhlenzeichnungen der Frühzeit, in der gesamten Kunst, in jeglicher Arbeit wie auch in der Sexualität zum Ausdruck. Alle diese Tätigkeiten entspringen der Fähigkeit des Menschen, seinen Willen auf ein bestimmtes Ziel zu richten und solange weiterzumachen, bis das Ziel erreicht ist. Die Fähigkeit, seine Kräfte auf diese Art einzusetzen, ist die *Potenz*. (Die sexuelle Potenz ist nur eine besondere Form derselben Potenz.) Wenn der Mensch aus Schwäche, Angst, Inkompetenz oder dergleichen nicht fähig ist zu handeln, wenn er impotent ist, so leidet er. Dieses Leiden aus Impotenz ist eben darauf zurückzuführen, daß das innere Gleichgewicht gestört ist, daß der Mensch den Zustand völliger Ohnmacht nicht hinnehmen kann ohne zu versuchen, seine Handlungsfähigkeit wiederherzustellen. Kann er das aber, und wie? Eine Möglichkeit ist, sich einer Person oder einer Gruppe, die über Macht verfügt, zu unterwerfen und sich mit ihr zu identifizieren. Durch eine solche symbolische Partizipation am Leben eines anderen gewinnt der Mensch die Illusion selbst zu handeln, während er sich in Wirklichkeit nur denen, die handeln, unterordnet und zu einem Teil von ihnen wird. Die andere Möglichkeit – und diese interessiert uns in unserem Zusammenhang am meisten – ist, daß der Mensch sich seiner Fähigkeit zu zerstören bedient.

Leben schaffen heißt, seinen Status als Geschöpf, das wie ein Würfel aus dem Becher ins Leben hineingeworfen wird, zu transzendieren. Aber Leben zerstören heißt ebenfalls, es zu transzendieren und dem unerträglichen Leiden völliger Passivität zu entrinnen. Leben zu schaffen verlangt gewisse Eigenschaften, die dem impotenten Menschen abgehen. Leben zu zerstören verlangt nur *eines*: Gewaltanwendung. Der Impotente braucht nur einen Revolver, ein Messer oder körperliche Kräfte zu besitzen, und er kann das Leben transzendieren, indem er es in anderen oder in sich selbst zerstört. Auf diese Weise *rächt er sich am Leben dafür, daß es sich ihm versagt.* Die kompensatorische Gewalttätigkeit ist nichts anderes als die in der Impotenz wurzelnde und sie kompensierende Gewalttätigkeit. Der Mensch, der nichts erschaffen kann, will zerstören. Indem er etwas erschafft und indem er etwas zerstört, transzendiert er seine Rolle als bloßes Geschöpf. Camus verleiht diesem Gedanken prägnanten Ausdruck, wenn er seinen Caligula sagen läßt: »Ich lebe, ich töte, ich übe die hinreißende Macht eines Zerstörers aus, mit der verglichen die Macht eines Schöpfers das reinste Kinderspiel ist.« Es ist dies die Gewalttätigkeit des Krüppels, die Gewalttätigkeit von Menschen, denen das Leben die Fähigkeit versagt hat, ihren spezifisch menschlichen Kräften positiven Ausdruck zu verleihen. Sie müssen zerstören, eben weil sie Menschen sind, weil Menschsein bedeutet, daß man seine Dinghaftigkeit transzendiert.

Nahe verwandt mit der kompensatorischen Gewalttätigkeit ist der Trieb, ein lebendes Wesen, sei es Tier oder Mensch, völlig und absolut unter seiner Kontrolle zu haben. Dieser Trieb macht das Wesen des *Sadismus* aus. Wie ich in meinem Buch *Escape from Freedom* (E. Fromm, 1941a) dargelegt habe, ist der Wunsch, anderen Schmerz zuzufügen, nicht das Wesentliche am Sadismus. Alle seine verschiedenen Formen, die wir beobachten können, gehen auf den einen wesentlichen Impuls zurück, einen anderen Menschen völlig in seiner Gewalt zu haben, ihn zu einem hilflosen Objekt des eigenen Willens zu machen, sein Gott zu werden und mit ihm machen zu können, was einem beliebt. Ihn zu demütigen, ihn zu versklaven, das sind Mittel zur Erreichung dieses Ziels, und das radikalste Ziel ist, ihn leiden zu lassen, denn es gibt keine größere Macht über einen Menschen als die, daß man ihn zwingt, Leiden zu erdulden, ohne daß er sich dagegen wehren kann. Die Freude an der völligen Beherrschung eines anderen Menschen (oder einer anderen lebendigen Kreatur) ist das eigentliche Wesen des sadistischen Triebs. Man könnte diesen Gedanken auch so ausdrücken: Es ist das Ziel des Sadismus, einen Menschen in ein Ding, etwas Lebendiges in etwas Unbelebtes zu verwandeln, da das Lebendige durch die völlige und absolute Beherrschung eine wesentliche Eigenschaft des Lebens – die Freiheit – verliert.

Nur wenn man die Intensität und Häufigkeit der destruktiven sadistischen Gewalttätigkeit bei Einzelpersonen und Volksmassen erlebt hat, kann man verstehen, daß die kompensatorische Gewalttätigkeit nichts Oberflächliches und nicht die Folge schlechter Einflüsse, übler Gewohnheiten oder dergleichen ist. Sie ist eine Macht im Menschen, die ebenso intensiv und stark ist wie sein Wille zu leben. Sie ist eben deshalb so stark, weil sie das Aufbegehren des Lebens gegen seine Verkrüppelung ist; der Mensch besitzt ein Potential zur zerstörerischen und sadistischen Gewalttätigkeit, weil er ein Mensch und kein Ding ist und weil er versuchen muß, Leben zu zerstören, wenn er es nicht erschaffen kann. Das Kolosseum in Rom, in dem Tausende von impotenten Menschen mit größtem Vergnügen zusahen, wie andere Menschen von wilden Tieren zerrissen wurden oder wie sie sich gegenseitig umbrachten, ist das große Monument des Sadismus.

Aus diesen Erwägungen folgt noch etwas anderes. Die kompensatorische Gewalttätigkeit ist das Ergebnis eines ungelebten und verkrüppelten Lebens, und zwar sein notwendiges Ergebnis. Sie läßt sich durch Angst vor Strafe unterdrücken oder durch Schauspiele und Vergnügungen aller Art sogar ablenken. Sie bleibt jedoch als Potential in voller Stärke bestehen und wird manifest, sowie die sie unterdrückenden Kräfte nachlassen. Das einzige Heilmittel dagegen ist die Entwicklung des schöpferischen Potentials im Menschen, die Entwicklung seiner Fähigkeit, produktiven Gebrauch von seinen menschlichen Kräften zu machen. Nur wenn der Mensch aufhört, ein Krüppel zu sein, wird er auch aufhören, ein Sadist zu sein und zu zerstören, und nur Verhältnisse, die so beschaffen sind, daß der Mensch Interesse am Leben gewinnt, können jene Impulse zum Verschwinden bringen, welche die Menschheitsgeschichte bis zum heutigen Tag so schmachvoll gemacht haben. Die kompensatorische Gewalttätigkeit steht nicht so, wie es die reaktive Gewalttätigkeit tut, im Dienst des Lebens, sie ist vielmehr der pathologische *Ersatz* für das Leben; sie ist ein Hinweis auf die Verkrüppelung und Leere des Lebens. Doch demonstriert sie gerade durch ihre Negierung des Lebens das Bedürfnis des Menschen, lebendig und kein Krüppel zu sein.

Auf einen letzten Typ der Gewalttätigkeit müssen wir noch zu sprechen kommen: auf den archaischen *Blutdurst.* Es handelt sich dabei nicht um die Gewalttätigkeit des psychischen Krüppels, sondern um den Blutdurst des Menschen, der noch völlig seiner Bindung an die Natur verhaftet ist. Er tötet aus Leidenschaft, um auf diese Weise das Leben zu transzendieren, weil er Angst davor hat, voranzuschreiten und ganz Mensch zu werden (eine Wahl, auf die wir noch zu sprechen kommen). Für den Menschen, der dadurch eine Antwort auf das Leben zu finden sucht, daß er zu einem vor-individuellen Zustand seiner Existenz regrediert, indem er zum Tier wird und sich auf diese Weise der Last der Vernunft entledigt, wird das *Blut* zur Essenz des Lebens. Blutvergießen heißt dann, sich lebendig, stark, einzigartig, allen anderen überlegen fühlen. Das Töten wird zum großen Rausch, zur großen Selbstbestätigung auf der äußersten archaischen Ebene. Umgekehrt ist getötet zu werden, die einzige logische Alternative zum Töten. Das Gleichgewicht des Lebens im archaischen Sinn wird dadurch erreicht, daß man so viele wie möglich tötet und daß man, nachdem man ein Leben lang seinen Blutdurst gestillt hat, selbst bereit ist, getötet zu werden. Töten in diesem Sinn ist seinem Wesen nach etwas anderes als die Liebe zum Toten. Es ist die Bestätigung und Transzendierung des Lebens auf der Ebene der tiefsten Regression. Wir können diesen Blutdurst bei Einzelpersonen beobachten, manchmal in ihren Phantasien oder Träumen, manchmal bei schwerer Geisteskrankheit oder bei einem Mord. Wir können ihn auch bei einer Minderheit in einem Krieg oder einem Bürgerkrieg beobachten, wenn die normalen sozialen Hemmungen wegfallen. Wir beobachten ihn bei archaischen Gesellschaften, wo das Töten (oder Getötetwerden) die das Leben beherrschende Polarität ist. Wir beobachten ihn ferner bei Phänomenen wie den Menschenopfern der Azteken, der Blutrache in Gegenden wie Montenegro[4] oder Korsika. Hierher gehört auch die Rolle, die das Blut im Alten Testament spielt, wenn es Gott zum Opfer gebracht wird. Eine der aufschlußreichsten Beschreibungen der Freude am Töten finden wir in Gustave Flauberts *Legende von St. Julian dem Gastfreundlichen* (G. Flaubert, 1941). Flaubert schildert darin das Leben eines Mannes, dem bei seiner Geburt prophezeit wurde, daß er ein großer Eroberer und ein großer Heiliger werden würde; er wuchs als normales Kind auf, bis er eines Tages das erregende Erlebnis des Tötens kennenlernte. Bei der Messe hatte er mehrmals eine kleine Maus beobachtet, die aus einem Loch in der Wand heraushuschte. Er ärgerte sich darüber und beschloß, sie sich vom Halse zu schaffen. »So machte er die Tür zu, streute ein paar Kuchenkrümel auf die Altarstufen und stellte sich mit einem Stock in der Hand vor das Mauseloch. Er mußte lange warten, bis endlich erst ein rosa Schnäuzchen und dann die ganze Maus zum Vorschein kam. Er versetzte ihr einen leichten Schlag und stand bestürzt vor dem kleinen Körper, der sich nicht mehr bewegte. Ein Tropfen Blut färbte den Steinboden. Hastig wischte er ihn mit dem Ärmel weg, warf die Maus ins Freie und erzählte niemand davon.« Als er später einen Vogel erwürgte, »verursachten ihm die Todeszuckungen des Vogels heftiges Herzklopfen, und sie erfüllten ihn mit einer wilden, stürmischen Lust«. Nachdem er das Hochgefühl des Blutvergießens erlebt hatte, war er geradezu versessen darauf, Tiere zu töten. Kein Tier war so stark und behende, daß es seinem Mordgelüst hätte entgehen können. Das Blutvergießen wurde ihm zur höchsten Selbstbestätigung, zum einzigen Weg, alles Lebendige zu transzendieren. Jahrelang war das Töten von Tieren seine einzige berauschende Leidenschaft. Er kam mitten in der Nacht heim, »bedeckt von Blut und Schmutz und nach wilden Tieren riechend. Er wurde wie sie.« Fast wäre es ihm gelungen, sich in ein Tier zu verwandeln, aber da er ein Mensch war, gelang es ihm nicht ganz. Eine Stimme verkündete ihm, er werde eines Tages seinen Vater und seine Mutter töten. Erschrocken floh er aus dem elterlichen Schloß, hörte auf, Tiere zu töten und wurde statt dessen ein gefürchteter und berühmter Heerfüh-

[4] Vgl. die Schilderung der montenegrischen Lebensweise durch Djilas, der das Töten als das stolzeste und berauschendste Erlebnis im Leben eines Mannes bezeichnet.

rer. Als Preis für einen besonders großen Sieg erhielt er die Hand der ungewöhnlich schönen und liebenswürdigen Tochter des Kaisers. Er gab das Kriegshandwerk auf, bewohnte mit ihr einen herrlichen Palast, und sie hätten ein Leben voller Glückseligkeit führen können, doch fühlte er sich gelangweilt und voller Unlust. Eines Tages fing er wieder zu jagen an, aber eine geheimnisvolle Macht lenkte seine Pfeile ab. »Da erschienen ihm alle Tiere, die er einmal verfolgt hatte, und bildeten einen engen Kreis um ihn. Die einen saßen auf ihren Hinterläufen, andere standen aufrecht. Julian in ihrer Mitte war starr vor Entsetzen und keiner Bewegung fähig.« Er beschloß, zu seiner Frau in seinen Palast zurückzukehren. Inzwischen waren auch seine alten Eltern dort eingetroffen, und seine Frau hatte ihnen ihr Bett überlassen. Er aber glaubte, darin seine Frau mit einem Liebhaber zu sehen und tötete seine beiden Eltern. Als er so an dem tiefsten Punkt der Regression angekommen war, ereignete sich bei ihm die große Umkehr. Er wurde nun tätsächlich ein Heiliger, der sein Leben den Armen und Kranken weihte. Schließlich wärmte er einen Aussätzigen mit seinem eigenen Körper. Dann stieg er »Angesicht zu Angesicht mit unserem Herrn Jesus, der ihn in den Himmel trug, in die blaue Unendlichkeit empor« (G. Flaubert, 1941).

Flaubert schildert in dieser Geschichte das Wesen des Blutdurstes. Es handelt sich dabei um den Lebensrausch in seiner äußersten archaischen Form; daher kann ein Mensch, nachdem er auf dieser archaischsten Ebene der Bezogenheit zum Leben angelangt ist, zum höchsten Entwicklungsniveau, nämlich dem der Bejahung des Lebens durch seine eigene Menschlichkeit, zurückkehren. Dabei sollte man sich darüber klar sein, daß dieser Trieb zu töten – wie bereits erwähnt – nicht das gleiche ist wie die Liebe zum Toten, wie wir sie im dritten Kapitel beschreiben werden. Das Blut wird hier als Lebensessenz erfahren. Das Blut eines anderen vergießen heißt daher, die Mutter Erde mit dem befruchten, was sie braucht, um fruchtbar zu sein. (Man vergleiche den Glauben der Azteken, welche das Blutvergießen als Vorbedingung für den Fortbestand des Kosmos ansahen, oder auch die Geschichte von Kain und Abel.) Selbst wenn das eigene Blut vergossen wird, befruchtet man damit die Erde und wird eins mit ihr.

Offenbar ist auf diesem Regressionsniveau das Blut gleichbedeutend mit dem männlichen Samen, und die Erde ist gleichbedeutend mit der Frau und Mutter. Same und Ei sind Ausdruck der männlich-weiblichen Polarität, einer Polarität, die erst dann von zentraler Bedeutung wird, wenn der Mann anfängt, ganz der Erde zu entwachsen, bis er den Punkt erreicht, an dem die Frau zum Objekt seines Begehrens und seiner Liebe wird.[5] Das Blutvergießen führt zum Tod; der Samenerguß führt zur Geburt. Aber das Ziel von beidem ist die Bejahung des Lebens, wenn auch auf einem kaum höheren Niveau als dem der tierischen Existenz. Der Tötende kann zum Liebenden werden, wenn er ganz geboren wird, wenn er seine Bindung an die Erde abwirft und seinen Narzißmus überwindet. Allerdings läßt sich nicht leugnen, daß – falls er dazu nicht fähig ist – sein Narzißmus und seine archaische Fixierung ihn in einer Lebensform gefangenhalten, die dem Tod so nahe verwandt ist, daß man den Blutdürstigen nur schwer von dem Liebhaber des Toten unterscheiden kann.

[5] Wenn es in der biblischen Geschichte heißt, Gott habe Eva als »Gehilfin« Adams erschaffen, so wird damit auf diese neue Funktion der Liebe hingewiesen.

3

DIE LIEBE ZUM TOTEN UND DIE LIEBE ZUM LEBENDIGEN

Im vorigen Kapitel haben wir die Formen der Gewalttätigkeit und Aggression behandelt, die man noch als mehr oder weniger gutartig bezeichnen kann, insofern sie direkt oder indirekt dem Leben dienen (oder zu dienen scheinen). In diesem Kapitel wie auch in den folgenden werden wir uns mit Tendenzen befassen, die gegen das Leben gerichtet sind, die den Kern schwerer psychischer Krankheiten bilden und die man als das Wesen des wahrhaft Bösen bezeichnen kann. Wir werden dabei auf drei unterschiedliche Arten der Orientierung zu sprechen kommen: auf die Nekrophilie (im Gegensatz zur Biophilie), auf den Narzißmus und auf die symbiotische Fixierung an die Mutter.

Ich werde zeigen, daß es bei diesen drei Tendenzen jeweils auch gutartige Formen gibt, die sogar so wenig ausgeprägt sein können, daß man sie durchaus nicht als pathologisch ansehen muß. Wir werden jedoch das Hauptgewicht auf die bösartigen Formen dieser drei Orientierungen legen, die in ihrer schwersten Ausprägung konvergieren und schließlich das »Verfallssyndrom« bilden, das die Quintessenz alles Bösen ist; es ist gleichzeitig der schwerste pathologische Befund und die Wurzel der bösartigsten Destruktivität und Unmenschlichkeit.

Ich weiß keine bessere Einführung in das Wesen der Nekrophilie als die Worte, die der spanische Philosoph Unamuno im Jahre 1936 anläßlich einer Ansprache von General Millán Astray in der Universität von Salamanca gesprochen hat, deren Rektor Unamuno zu Beginn des Spanischen Bürgerkrieges war. Das Lieblingsmotto des Generals war »Viva la muerte!« (Es lebe der Tod), und einer seiner Anhänger rief es aus dem hinteren Teil des Saales. Als der General seine Ansprache beendet hatte, stand Unamuno auf und sagte: »...Gerade eben habe ich einen nekrophilen und sinnlosen Ruf gehört: ›Es lebe der Tod!‹. Und ich, der ich mein Leben damit verbracht habe, Paradoxe zu formulieren, die den verständnislosen Zorn anderer erregt haben, ich muß Ihnen als Fachmann sagen, daß mich dieses ausländische Paradoxon abstößt. General Millán Astray ist ein Krüppel. Ich möchte das ohne jeden abschätzigen Unterton sagen. Er ist ein Kriegsversehrter. Das war auch Cervantes. Leider gibt es gerade jetzt in Spanien viele Krüppel. Und bald wird es noch mehr geben, wenn uns Gott nicht zu Hilfe kommt. Es schmerzt mich, denken zu müssen, daß General Millán Astray uns die Psychologie der Massen diktieren könnte. Ein Krüppel, dem die geistige Größe eines Cervantes fehlt, sucht sich gewöhnlich dadurch eine fragwürdige Erleichterung, daß er alles rings um sich her verstümmelt.« Da konnte sich Millán Astray nicht länger zurückhalten und rief: »Abajo la inteligencia!« (»Nieder mit der Intelligenz!«), »Es lebe der Tod!« Und die Falangisten applaudierten begeistert. Aber Unamuno fuhr fort: »Es ist dies der Tempel des Intellekts. Und ich bin sein Hohepriester. Sie sind es, die diesen heiligen Bezirk entweihen. Sie werden siegen, denn Sie verfügen über mehr als genug brutale Macht! Aber Sie werden niemanden zu Ihrer Ansicht bekehren. Denn um jemand zu seiner Ansicht zu bekehren, muß man ihn überzeugen, und um zu überzeugen, brauchten Sie etwas, was Ihnen fehlt, nämlich Vernunft und das Recht im Kampf. Ich halte es für zwecklos, Sie zu ermahnen, an Spanien zu denken. Mehr habe ich nicht zu sagen« (zit. nach H. Thomas, 1961, S. 354f.).

Mit seinem Hinweis auf den nekrophilen Charakter des Rufs »Es lebe der Tod!« rührte Unamuno an den Kern des Problems des Bösen. Es gibt psychologisch und moralisch keinen schärferen Gegensatz als den zwischen den Menschen, die das Tote, und denen, die das Lebendige lieben, zwischen den *Nekrophilen* und den *Biophilen*. Damit soll nicht gesagt sein, daß jemand unbedingt ganz nekrophil oder ganz biophil sein müßte. Es gibt Menschen, die ganz dem Toten zugewandt sind; bei ihnen handelt es sich um Geisteskranke. Es gibt andere, die sich ganz dem Lebendigen hingeben; bei ihnen haben wir den Eindruck, daß sie das höchste Ziel erreicht haben, das dem Menschen erreichbar ist. Bei vielen finden sich sowohl biophile als auch nekrophile Tendenzen in unterschiedlicher Mischung. Hier jedoch – wie bei den meisten Phänomenen des Lebens – kommt es darauf an, welche Tendenz überwiegt, so daß das Verhalten des Betreffenden durch sie bestimmt wird, und es geht nicht darum, ob die eine der beiden Einstellungen ganz fehlt oder ausschließlich vorhanden ist.

Wörtlich übersetzt bedeutet »Nekrophilie« »Liebe zum Toten« (so wie »Biophilie« »Liebe zum Lebendigen« oder »Liebe zum Leben« bedeutet). Der Begriff bezeichnet gewöhnlich eine sexuelle Perversion, nämlich den Wunsch, den toten Körper (einer Frau) zum Geschlechtsverkehr zu besitzen, oder den krankhaften Wunsch, sich in der Nähe eines Leichnams aufzuhalten. (Vgl. R. Krafft-Ebing, 1924; M. Hirschfeld, 1944.) Aber – wie dies oft der Fall ist – vermittelt auch eine solche sexuelle Perversion nur ein unverhüllteres und deutlicheres Bild von einer Orientierung, wie man sie ohne sexuelle Beimischung bei vielen Menschen findet. Unamuno hatte dies klar erkannt, als er die Ansprache des Generals als »nekrophil« bezeichnete. Er wollte damit nicht sagen, daß der General an einer sexuellen Perversion leide, sondern daß er das Leben hasse und das Tote liebe.

Seltsamerweise ist die Nekrophilie als allgemeine Orientierung in der psychoanalytischen Literatur bisher noch nie beschrieben worden, wenngleich sie mit Freuds *anal-sadistischem Charakter* wie auch mit seinem *Todestrieb* verwandt ist. Ich werde an späterer Stelle noch auf diese Zusammenhänge eingehen und möchte jetzt zunächst eine Beschreibung der nekrophilen Persönlichkeit geben.

Ein Mensch mit nekrophiler Orientierung fühlt sich von allem Nicht-Lebendigen, von allem Toten angezogen und fasziniert: von Leichen, Verwesung, Kot und Schmutz. Nekrophil sind solche Menschen, die gern über Krankheiten, Begräbnisse und den Tod reden. Wenn sie über den Tod und das Tote reden können, werden sie erst richtig lebendig. Ein deutliches Beispiel für den reinen nekrophilen Typ ist Hitler. Er war fasziniert von Zerstörungen, und er fand Gefallen am Geruch von Totem. Während man in den Jahren seines Erfolges den Eindruck haben konnte, daß er nur die zu vernichten suchte, die er für seine Feinde hielt, zeigten die Tage der Götterdämmerung am Ende, daß er die tiefste Befriedigung beim Anblick totaler und absoluter *Zerstörung* empfand: bei der Vernichtung des deutschen Volkes, der Menschen seiner Umgebung und seiner selbst. Der Bericht eines Soldaten aus dem Ersten Weltkrieg ist zwar nicht bezeugt, paßt aber gut ins Bild: Er sah Hitler in einem tranceähnlichen Zustand einen verwesenden Leichnam anstarren, ein Anblick, von dem er sich nicht losreißen konnte.

Nekrophile Menschen leben in der Vergangenheit und nie in der Zukunft. Ihre Gefühle sind im wesentlichen sentimental, das heißt sie hängen an Gefühlen, die sie gestern empfanden – oder empfunden zu haben glauben. Sie sind kalt, auf Distanz bedacht und bekennen sich zu »Gesetz und Ordnung«. Ihre Werte sind genau das Gegenteil von denen, die wir mit dem normalen Leben in Verbindung bringen: nicht das Lebendige, sondern das Tote erregt und befriedigt sie.

Charakteristisch für den nekrophilen Menschen ist seine Einstellung zur Gewalt. Gewalt ist die Fähigkeit, einen Menschen in einen Leichnam zu verwandeln, um sich der Definition von Simone Weil zu bedienen. Genau so wie die Sexualität Leben erzeugen kann, kann die Gewalt es zerstören. Alle Gewalt beruht letzten Endes auf der Macht zu töten. Ich möchte vielleicht einen Menschen nicht gerade töten, sondern ihn nur seiner Freiheit berauben; ich möchte ihn vielleicht nur demütigen oder ihm seinen Besitz wegnehmen – aber was ich auch immer in dieser Richtung tue, hinter all diesen Aktionen steht meine Fähigkeit und meine Bereitschaft zu töten. Wer das Tote liebt, liebt unausweichlich auch die Gewalt. Für einen solchen Menschen ist die größte menschliche Leistung nicht die Erzeugung, sondern die Zerstörung von Leben. Die Gewaltanwendung ist keine ihm von den Umständen aufgezwungene, vorübergehende Handlung – sie ist seine Art zu leben.

Dies ist der Grund, weshalb der nekrophile Mensch in die Gewalt geradezu verliebt ist. So wie für den, der das Leben liebt, die grundlegende Polarität im Menschen die von Mann und Frau ist, existiert für den Nekrophilen eine völlig andere Polarität: die zwischen denen, welche Macht haben zu töten, und denen, welchen diese Macht nicht gegeben ist. Für ihn gibt es nur zwei »Geschlechter«: die Mächtigen und die Machtlosen, die Töter und die Getöteten. Er ist verliebt in die Tötenden und verachtet die, welche getötet werden. Nicht selten ist dieses »Verliebtsein in die Tötenden« wörtlich zu verstehen: Sie sind Gegenstand seiner sexuellen Begierden und Phantasien, wenn auch weniger drastisch als bei der oben erwähnten Perversion oder bei der sogenannten Nekrophagie (dem Verlangen, einen Leichnam zu essen), ein Verlangen, das man nicht selten in den Träumen nekrophiler Personen antrifft.

Ich kenne eine Reihe von Träumen Nekrophiler, in denen diese Geschlechtsverkehr mit einer alten Frau oder einem alten Mann hatten, von denen sie sich in keiner Weise körperlich angezogen fühlten, die sie aber wegen ihrer Macht und Destruktivität fürchteten und bewunderten.

Der Einfluß von Menschen wie Hitler und Stalin beruht eben auf deren uneingeschränkter Fähigkeit und Bereitschaft zu töten. Aus diesem Grund wurden sie von den nekrophilen Menschen geliebt. Unter den übrigen hatten viele Angst vor ihnen und zogen es vor, sie zu bewundern, weil sie sich diese Angst nicht eingestehen wollten. Viele andere spürten das Nekrophile in diesen Führern nicht und sahen in ihnen Aufbauende, Erlöser und gute Väter. Hätten diese nekrophilen Führer nicht den falschen Eindruck erweckt, aufbauende Beschützer zu sein, so hätte die Zahl derer, die sich zu ihnen hingezogen fühlten, kaum ausgereicht, ihnen an die Macht zu helfen, und die Zahl derer, die sich von ihnen abgestoßen fühlten, hätte sicher schnell ihren Sturz herbeigeführt.

Während das Leben durch strukturiertes, funktionales Wachstum gekennzeichnet ist, liebt der nekrophile Mensch alles, was nicht wächst, alles, was mechanisch ist. Der nekrophile Mensch wird von dem Verlangen getrieben, Organisches in Anorganisches umzuwandeln, das Leben so mechanisch aufzufassen, als ob alle lebendigen Menschen nichts anderes seien als Dinge. Alle Lebensprozesse, alle Gefühle und Gedanken wandelt er in Dinge um. Für ihn zählt nur die Erinnerung und nicht das lebendige Erleben, es zählt das Haben und nicht das Sein. Der Nekrophile kann zu einem Objekt – einer Blume oder einem Menschen – nur dann in Beziehung treten, wenn er sie besitzt; daher bedeutet ihm eine Bedrohung seines Besitzes eine Bedrohung seiner selbst; verliert er den Besitz, so verliert er den Kontakt mit der Welt. Daher seine paradoxe Reaktion, daß er lieber das Leben als seinen Besitz verlieren würde, obwohl er ja mit dem Verlust seines Lebens aufhört, als Besitzender zu existieren. Er möchte über die anderen herrschen und tötet dabei das Leben. Eine tiefe Angst vor dem Leben erfüllt ihn, weil das Leben seinem Wesen nach ungeordnet und unkontrollierbar ist. Typisch für diese Einstellung ist die Frau, die in der Geschichte vom Salomonischen Urteil zu Unrecht behauptet, die Mutter des Kindes zu sein. Sie will lieber ein in zwei Teile geteiltes totes Kind haben, als ein lebendiges verlieren. Für nekrophile Menschen bedeutet Gerechtigkeit korrekte Teilung, und sie sind bereit, für das, was sie »Gerechtigkeit« nennen, zu töten oder zu sterben. »Gesetz und Ordnung« sind ihre Idole, und alles, was Gesetz und Ordnung bedroht, wird als teuflischer Angriff auf ihre höchsten Werte empfunden.

Der nekrophile Mensch fühlt sich von Nacht und Finsternis angezogen. In der Mythologie und Dichtkunst zieht es ihn zu Höhlen hin oder in die Tiefe des Ozeans, oder er wird blind dargestellt. (Die Trolle in Ibsens *Peer Gynt* sind ein gutes Beispiel hierfür; sie sind blind[1], sie leben in Höhlen und erkennen nur den narzißtischen Wert des »Daheimgebrauten« oder Selbstgemachten an.) Alles, was dem Leben abgewandt oder gegen das Leben gerichtet ist, zieht den nekrophilen Menschen an. Er möchte in die Dunkelheit des Mutterschoßes und in die Vergangenheit einer anorganischen oder tierischen Existenz zurückkehren. Er ist grundsätzlich an der Vergangenheit und nicht an der Zukunft orientiert, die er haßt und fürchtet. Damit verwandt ist sein heftiges Verlangen nach Gewißheit. Aber das Leben ist niemals etwas Gewisses, es ist nie voraussagbar und niemals unter Kontrolle zu bringen; um es kontrollierbar zu machen, muß man es in Totes verwandeln; der Tod ist ja das einzig Gewisse im Leben.

Die nekrophilen Tendenzen zeigen sich gewöhnlich am deutlichsten in den Träumen eines solchen Menschen. Diese befassen sich mit Mord, Blut, Leichen, Schädeln und Kot; manchmal kommen auch in Maschinen verwandelte Menschen darin vor oder solche, die sich wie Maschinen benehmen. Viele Menschen haben gelegentlich auch einmal solch einen Traum, ohne daß das ein Hinweis auf Nekrophilie wäre. Bei nekrophilen Menschen aber kommen derartige Träume häufig vor, und gelegentlich wiederholt sich der gleiche Traum.

Einen hochgradig nekrophilen Menschen kann man oft schon an seiner äußeren Erscheinung und an seinen Gesten erkennen. Er ist kalt, seine Haut wirkt leblos, und oft könnte man aus seinem Gesichtsausdruck schließen, daß er einen schlechten Geruch wahrnähme. (In Hitlers Gesicht war dieser Ausdruck deutlich zu erkennen.) Der Nekrophile ist von einer zwanghaft pedantischen Ordnungsliebe. Eichmann hat der Welt

[1] Diese symbolische Bedeutung der Blindheit ist etwas völlig anderes als Blindheit in Fällen, in denen sie »wahre Einsicht« symbolisiert.

eine solche nekrophile Persönlichkeit vor Augen geführt. Eichmann war von der bürokratischen Ordnung und vom Toten geradezu fasziniert. Seine höchsten Werte waren Gehorsam und das ordentliche Funktionieren der Organisation. Er transportierte Juden, wie er Kohle transportiert hätte. Daß es sich um menschliche Wesen handelte, nahm er kaum wahr. Daher ist die Frage, ob er seine Opfer haßte oder nicht, irrelevant. Beispiele für den nekrophilen Charakter finden sich jedoch keineswegs nur unter den Inquisitoren, unter den Hitlers und Eichmanns. Es gibt Unzählige, die zwar nicht die Gelegenheit und die Macht zum Töten haben, deren Nekrophilie sich aber auf andere und – oberflächlich betrachtet – harmlosere Weise äußert. Ein Beispiel hierfür ist die Mutter, die sich nur für die Krankheiten und das Versagen ihres Kindes interessiert und die sich in finsteren Prognosen für seine Zukunft ergeht; eine Wendung zum Guten macht ihr dagegen keinen Eindruck; die Freude ihres Kindes läßt sie kalt, und dem Neuen, das in ihm wächst, schenkt sie keine Beachtung. Vermutlich beschäftigen sich ihre Träume mit Krankheit, Tod, Leichen und Blut. Sie fügt ihrem Kind keinen offenkundigen Schaden zu, aber sie kann nach und nach seine Lebensfreude, seinen Glauben an ein Wachstum ersticken und wird es schließlich mit ihrer eigenen nekrophilen Orientierung anstecken.

Häufig steht die nekrophile Orientierung mit entgegengesetzten Tendenzen in Konflikt, so daß es zu einem eigentümlichen Ausgleich kommt. Ein hervorragendes Beispiel für diesen Typ des nekrophilen Charakters war C. G. Jung. In der nach seinem Tode veröffentlichten Autobiographie (C. G. Jung, 1963; vgl. meine Rezension: E. Fromm, 1963e) finden sich zahlreiche Belege dafür. Seine Träume handeln häufig von Leichen, Blut und Totschlag. Als typischen Ausdruck für seine nekrophile Orientierung im realen Leben möchte ich folgendes erwähnen: Als Jungs Haus in Bollingen gebaut wurde, fand man die Überreste eines französischen Soldaten, der 150 Jahre vorher ertrunken war, als Napoleon in die Schweiz einrückte. Jung machte eine Fotografie der Leiche und hängte sie auf. Er begrub den Toten und feuerte drei Schüsse über das Grab als militärischen Salut. Oberflächlich gesehen kann einem das nur etwas merkwürdig, im übrigen aber bedeutungslos vorkommen. Es ist jedoch eine jener vielen »unbedeutenden« Handlungen, in denen die ihnen zugrunde liegende Orientierung deutlicher

zum Ausdruck kommt als in vorausgeplanten, wichtigen Aktionen. Freud selbst ist diese Orientierung Jungs am Toten bereits viele Jahre zuvor aufgefallen. Als er mit Jung nach den Vereinigten Staaten unterwegs war, sprach Jung sehr viel über die noch gut erhaltenen Leichen, die man in den Mooren bei Hamburg gefunden hatte. Freud konnte diese Gespräche nicht leiden und sagte zu Jung, er rede soviel von Leichen, weil er ihm (Freud) unbewußt den Tod wünsche. Jung wies dies empört von sich, doch hatte er einige Jahre später, zur Zeit als er sich von Freud trennte, folgenden Traum: Er hatte das Gefühl, daß er (zusammen mit einem schwarzen Eingeborenen) *Siegfried* töten müsse. Er ging mit seinem Gewehr hinaus, und als Siegfried auf dem Bergrücken auftauchte, erschoß er ihn. Er war dann vor Entsetzen wie gelähmt und voller Angst, sein Verbrechen könnte entdeckt werden. Glücklicherweise aber fiel ein starker Regen und verwischte alle Spuren des Verbrechens. Jung erwachte und hatte das Gefühl, er müsse sich umbringen, wenn er den Traum nicht deuten könne. Nach einigem Nachdenken kam er auf folgende »Deutung«: Siegfried töten hieß soviel wie den Helden in sich selbst töten und auf diese Weise seine eigene Demut zum Ausdruck bringen. Die geringfügige Änderung von Sigmund in Siegfried genügte einem Mann, dessen größte Leistung die Interpretation von Träumen war, um die wirkliche Bedeutung dieses Traumes vor sich selbst zu verbergen. Stellt man sich die Frage, wie eine so intensive Verdrängung möglich war, so lautet die Antwort, daß der Traum eine Manifestation seiner nekrophilen Orientierung war und daß Jung es sich nicht leisten konnte, sich die Bedeutung dieses Traumes klarzumachen, weil er diese gesamte Orientierung intensiv verdrängt hatte. In dieses Bild paßt auch, daß Jung von der Vergangenheit und nur selten von der Gegenwart und Zukunft fasziniert war, daß Steine sein Lieblingsmaterial waren und daß er als Kind phantasierte, daß Gott einen großen Haufen Kot auf eine Kirche herunterfallen ließ und sie auf diese Weise zerstörte. Auch in seiner Sympathie für Hitler und in seinen Rassentheorien kommt diese Hinneigung zu Menschen, die das Tote lieben, zum Ausdruck.
Jung war jedoch andererseits ein ungewöhnlich schöpferischer Mensch, und Kreativität ist das genaue Gegenteil der Nekrophilie. Er löste den Konflikt in sich selbst dadurch, daß er destruktive Kräfte in sich durch seinen Wunsch und seine Fähigkeit zu heilen ausglich und daß er sein

Interesse für die Vergangenheit, für Tote und für Zerstörung zum Gegenstand brillanter Spekulationen machte.

Ich könnte mit dieser Beschreibung der nekrophilen Orientierung den Anschein erweckt haben, daß *alle* hier geschilderten Merkmale notwendigerweise bei einem nekrophilen Menschen vorhanden sein müssen. Es stimmt zwar, daß so divergierende Merkmale wie das Verlangen zu töten, die Anbetung der Gewalt, das Sich-Hingezogen-Fühlen zum Toten und zu Schmutz, der Sadismus, der Wunsch, Organisches durch »Ordnung« in Anorganisches zu verwandeln, zur gleichen Grundeinstellung gehören. Beim einzelnen jedoch gibt es beträchtliche Unterschiede bezüglich der Stärke der jeweiligen Strebungen. Jedes der hier erwähnten Merkmale kann beim einen mehr und beim anderen weniger ausgeprägt sein, und ebenso beträchtliche Unterschiede bestehen von Mensch zu Mensch in bezug darauf, in welchem Verhältnis seine nekrophilen Züge zu seinen biophilen stehen und wieweit er sich der nekrophilen Tendenzen bewußt ist oder sie rationalisiert. Aber der Begriff des nekrophilen Typs ist keineswegs eine Abstraktion oder eine Zusammenfassung verschiedener disparater Verhaltenstendenzen. Die Nekrophilie stellt eine grundsätzliche Orientierung dar; sie ist genau jene Antwort auf das Leben, die in völligem Gegensatz zum Leben steht; sie ist die morbideste und gefährlichste unter allen Lebensorientierungen, deren der Mensch fähig ist. Sie ist eine echte Perversion: Obwohl man lebendig ist, liebt man nicht das Lebendige, sondern das Tote, nicht das Wachstum, sondern die Destruktion. Wenn der nekrophile Mensch es wagt, sich über seine Gefühle Rechenschaft abzulegen, dann drückt er das Motto seines Lebens mit den Worten aus: »Es lebe der Tod!«

Das Gegenteil der nekrophilen Orientierung ist die *biophile*, die ihrem Wesen nach Liebe zum Lebendigen ist. Genau wie die Nekrophilie besteht auch die Biophilie nicht aus einem einzigen Wesenszug, sondern sie stellt eine totale Orientierung, eine alles bestimmende Art zu leben dar. Sie manifestiert sich in den körperlichen Prozessen eines Menschen, in seinen Gefühlen, seinen Gedanken und Gesten; die biophile Orientierung drückt sich im ganzen Menschen aus. In ihrer elementarsten Form kommt sie in der Tendenz zu leben zum Ausdruck, wie sie bei jedem lebendigen Organismus zu finden ist. Im Gegensatz zu Freuds Theorie über den »Todestrieb« schließe ich mich der Ansicht vieler Biologen und Philosophen an, daß es eine einer jeglichen lebendigen Substanz innewohnende Eigenschaft ist, zu leben und sich am Leben zu erhalten. Spinoza drückt das so aus: »Ein jedes Ding strebt, soviel an ihm liegt, in seinem Sein zu beharren« (Spinoza, *Ethik*, Teil III, 6. Lehrsatz). Er bezeichnet dieses Streben als »das wirkliche Wesen dieses Dinges selbst« (a.a.O., 7. Lehrsatz).

Wir beobachten diese Tendenz zu leben bei jeglicher belebten Substanz um uns; beim Gras, das sich durch Steine hindurch seinen Weg zum Licht und Leben sucht; beim Tier, das bis zum letzten kämpft, um dem Tod zu entrinnen; beim Menschen, der fast alles tut, um sich am Leben zu erhalten.

Die Tendenz, das Leben zu erhalten und sich gegen den Tod zu wehren, ist die elementarste Form der biophilen Orientierung und aller lebenden Substanz eigen. Insofern es sich dabei um eine Tendenz handelt, das Leben zu *erhalten* und sich gegen den Tod *zu wehren*, stellt sie nur *einen* Aspekt des Lebenstriebes dar. Der andere Aspekt ist positiver: Die lebende Substanz hat die Tendenz zur Integration und Vereinigung; sie tendiert dazu, sich mit andersartigen und gegensätzlichen Wesenheiten zu vereinigen und einer Struktur gemäß zu wachsen. Vereinigung und integriertes Wachstum sind für alle Lebensprozesse charakteristisch, und dies trifft nicht nur für die Zellen zu, sondern auch für das Fühlen und Denken.

Der elementarste Ausdruck dieser Tendenz ist die Fusion von Zellen und Organismen, von der nicht-sexuellen Zellfusion bis zur sexuellen Vereinigung bei Tieren und Menschen. Im letzteren Fall kommt es zur sexuellen Vereinigung durch die zwischen dem männlichen und dem weiblichen Pol bestehende Anziehung. Die männlich-weibliche Polarität bildet den Kern des Bedürfnisses nach Vereinigung, von dem der Fortbestand der menschlichen Spezies abhängt. Eben aus diesem Grund scheint die Natur den Menschen mit dem intensivsten Lustgefühl bei der Vereinigung der beiden Pole ausgestattet zu haben. Biologisch entsteht bei dieser Vereinigung normalerweise ein neues Wesen. Vereinigung, Geburt und Wachstum machen den Lebenszyklus aus – so wie der Todeszyklus aus dem Aufhören des Wachstums, aus Desintegration und Verfall besteht.

Aber selbst der Geschlechtstrieb dient zwar *biologisch* dem Leben, ist aber *psychologisch* nicht unbedingt ein Ausdruck von Biophilie. Es scheint, als ob es kaum eine intensive Emotion gebe, die nicht vom Geschlechtstrieb angezogen und mit ihm vermischt werden könnte. Die Eitelkeit, der Wunsch nach Reichtum, die Abenteuerlust und selbst die Todessehnsucht können den Geschlechtstrieb gleichsam in ihren Dienst stellen. Man kann Spekulationen darüber anstellen, weshalb das so ist, und ist versucht anzunehmen, daß es eine List der Natur ist, daß sie den Geschlechtstrieb so anpassungsfähig gemacht hat, daß er durch intensive Begierden jeder Art mobilisiert werden kann, selbst wenn diese im Widerspruch zum Leben stehen. Aber was auch immer der Grund dafür sein mag, es besteht kaum ein Zweifel darüber, daß Geschlechtstrieb und Destruktivität miteinander verquickt sind. (Freud hat besonders in seiner Erörterung der Vermischung des Todestriebs mit dem Lebenstrieb, wie sie beim Sadismus und beim Masochismus anzutreffen ist, auf diese Verquickung hingewiesen.) Sadismus, Masochismus, Nekrophagie und Koprophagie sind Perversionen, nicht etwa weil sie von den üblichen Normen sexuellen Verhaltens abweichen, sondern eben deshalb, weil sie *die* fundamentale Perversion repräsentieren, nämlich die Vermischung von Lebendigem und Totem.[2]

Die produktive Orientierung (vgl. E. Fromm, 1947a) ist die volle Entfaltung der Biophilie. Wer das Leben liebt, fühlt sich vom Lebens- und Wachstumsprozeß in allen Bereichen angezogen. Er will lieber neu schaffen als bewahren. Er vermag zu staunen und erlebt lieber etwas Neues, als daß er in der Bestätigung des Altgewohnten Sicherheit sucht. Das Abenteuer zu leben ist ihm mehr wert als Sicherheit. Seine Einstellung zum Leben ist funktional und nicht mechanisch. Er sieht das Ganze und nicht nur seine Teile, er sieht Strukturen und nicht Summierungen. Er möchte formen und beeinflussen mit Liebe, Vernunft und Beispiel und nicht mit Gewalt, nicht indem er die Dinge auseinandernimmt und auf bürokratische Weise die Menschen verwaltet, so als ob es sich um Dinge handelte. Er erfreut sich am Leben und allen Lebensäußerungen mehr als an bloßen Reizmitteln.

Die *biophile Ethik* hat ihr eigenes Prinzip des Guten und Bösen. Gut ist

[2] Viele Riten, die sich auf die Trennung des Reinen (des Lebendigen) vom Unreinen (dem Toten) beziehen, betonen, wie wichtig es ist, diese Perversion zu vermeiden.

alles, was dem Leben dient; böse ist alles, was dem Tod dient. Gut ist die »Ehrfurcht vor dem Leben«[3], alles, was dem Leben, dem Wachstum, der Entfaltung dient. Böse ist alles, was das Leben erstickt, es einengt und in Stücke zerlegt. Freude ist Tugend, und Traurigkeit ist Sünde. Und es entspricht dem Standpunkt der biophilen Ethik, wenn die Bibel als Hauptsünde der Hebräer erwähnt: »Weil du dem Herrn, deinem Gott, nicht gedient hast aus Freude und Dankbarkeit dafür, daß alles in Fülle da war« (Dtn 28,47). Der biophile Mensch wird nicht von seinem Gewissen gezwungen, das Böse zu meiden und das Gute zu tun. Es handelt sich nicht um das von Freud beschriebene Überich, das ein strenger Zuchtmeister ist und das sich um der Tugend willen des Sadismus gegen sich selbst bedient. Das biophile Gewissen wird vom Leben und von der Freude motiviert; Ziel seiner moralischen Bemühungen ist es, die lebensbejahende Seite im Menschen zu stärken. Aus diesem Grunde verweilt der biophile Mensch nicht bei seinen Gewissensbissen und Schuldgefühlen, die letzten Endes nur Aspekte des Selbsthasses und der Traurigkeit sind. Er wendet sich schnell dem Leben zu und versucht Gutes zu tun. Spinozas *Ethik* ist ein eindrucksvolles Beispiel für die biophile Moral. Er sagt: »Freude ist an und für sich nicht schlecht, sondern gut; Traurigkeit hingegen ist an und für sich schlecht« (Teil IV, 41. Lehrsatz). Und im gleichen Geist heißt es bei ihm: »Über den Tod denkt der freie Mensch am wenigsten nach; seine Weisheit ist nicht ein Nachsinnen über den Tod, sondern über das Leben« (a.a.O., 67. Lehrsatz).

Die Liebe zum Leben liegt auch den verschiedenen Versionen der humanistischen Philosophie zugrunde. Diese Philosophien haben zwar unterschiedliche Begriffssysteme, doch sind sie alle vom gleichen Geist erfüllt wie die Spinozas. Sie vertreten den Grundsatz, daß ein gesunder Mensch das Leben liebt, daß Traurigkeit Sünde und Freude Tugend ist, daß es das Ziel des menschlichen Lebens ist, sich von allem Lebendigen anziehen zu lassen und sich von allem Toten und Mechanischen loszusagen.

Ich habe versucht, ein Bild der nekrophilen und der biophilen Orientierung in ihrer reinen Form zu geben. In dieser reinen Form kommen sie

[3] Es ist dies die Hauptthese Albert Schweitzers, der in seinen Schriften wie auch in seiner Person einer der großen Repräsentanten der Liebe zum Leben war.

natürlich nur selten vor. Der rein nekrophile Mensch ist geisteskrank; der rein biophile Mensch ist ein Heiliger. Die meisten Menschen sind individuell ausgeprägte Mischungen von nekrophilen und biophilen Orientierungen, und es kommt darauf an, welche der beiden Tendenzen dominiert. Diejenigen, bei denen die nekrophile Orientierung zur Herrschaft gelangt, werden nach und nach die biophile Seite in sich abtöten. Meist sind sie sich ihrer Hinneigung zum Toten gar nicht bewußt; sie verhärten ihr Herz; sie verhalten sich so, daß ihre Liebe zum Toten die logische und vernünftige Reaktion auf das ist, was sie erleben. Dagegen erschrecken die, bei denen die Liebe zum Leben noch die Oberhand hat, wenn sie merken, wie nahe sie dem »Tal der Todesschatten« sind, und dieses Erschrecken kann sie zu neuem Leben erwecken. Daher ist es sehr wichtig, daß man nicht nur erkennt, wie stark die nekrophile Tendenz im Menschen ist, sondern auch, wieweit er sich ihrer bewußt ist. Sofern er meint, er befinde sich im Land des Lebens, wenn er sich in Wirklichkeit im Land des Todes befindet, ist er dem Leben verloren, weil es für ihn keine Umkehr mehr gibt.

Die Beschreibung der nekrophilen und der biophilen Orientierung wirft die Frage auf, in welcher Beziehung diese Begriffe zu Freuds Begriffen des Lebenstriebs (Eros) und des Todestriebs stehen. Die Ähnlichkeit ist deutlich erkennbar. Als Freud versuchsweise die Hypothese von der Existenz eines Dualismus dieser beiden Triebe im Menschen aufstellte, war er – besonders unter dem Einfluß des Ersten Weltkriegs – von der Gewalt der destruktiven Impulse tief beeindruckt. Er revidierte seine frühere Theorie, in der er den Sexualtrieb den Ichtrieben gegenübergestellt hatte (unter der Annahme, daß beide Seiten dem Überleben und damit dem Leben dienen), und ersetzte sie durch die Hypothese, daß sowohl der Lebenstrieb als auch der Todestrieb der Lebenssubstanz selbst innewohnen. In *Jenseits des Lustprinzips* (S. Freud, 1920g) vertritt er die Auffassung, daß es ein phylogenetisch älteres Prinzip gebe, das er als »Wiederholungszwang« bezeichnet. Es wirke sich dahingehend aus, daß es einen früheren Zustand wiederherzustellen und schließlich das organische Leben in den ursprünglichen Zustand anorganischer Existenz zurückzuführen suche. »Wenn es wahr ist«, sagt Freud, »daß – in unvordenklicher Zeit und auf unvorstellbare Weise – einmal aus unbelebter Materie das Leben hervorgegangen ist, so muß nach unserer Voraussetzung damals ein Trieb entstanden sein, der das Leben wieder aufheben, den anorganischen Zustand wieder herstellen will. Erkennen wir in diesem Trieb die Selbstdestruktion unserer Annahme wieder, so dürfen wir diese als Ausdruck eines *Todestriebes* erfassen, der in keinem Lebensprozeß vermißt werden kann« (S. Freud, 1933a, S. 114).

Tatsächlich kann man beobachten, daß sich der Todestrieb entweder nach außen gegen andere oder nach innen gegen uns selbst richtet und daß er oft mit dem Sexualtrieb verquickt ist, wie zum Beispiel bei sadistischen und masochistischen Perversionen. Dem Todestrieb steht der Lebenstrieb gegenüber. Während der Todestrieb (der in der psychoanalytischen Literatur, wenn auch nicht von Freud selbst, gelegentlich auch als Thanatos bezeichnet wird) die Funktion hat zu trennen und zu desintegrieren, hat Eros die Funktion zu binden, zu integrieren und Organismen miteinander sowie Zellen innerhalb des Organismus zu vereinigen. Demnach ist das Leben eines jeden Menschen ein Schlachtfeld für diese beiden grundlegenden Triebe: die »erotischen, die immer mehr lebende Substanz zu größeren Einheiten zusammenballen wollen«, und die »Todestriebe, die sich diesem Streben widersetzen und das Lebende in den anorganischen Zustand zurückführen« (a.a.O.), also genau das wieder rückgängig machen, was Eros zu erreichen versuchte.

Freud selbst hat diese neue Theorie nur zögernd und versuchsweise vorgeschlagen. Es ist dies nicht weiter verwunderlich, gründet sie sich doch auf die Hypothese vom Wiederholungszwang, die selbst bestenfalls eine unbewiesene Spekulation ist. Tatsächlich scheint keines der zugunsten seiner dualistischen Theorie vorgebrachten Argumente die Einwände gegen sie entkräften zu können, die sich auf viele sich widersprechende Daten gründen. Die meisten Lebewesen kämpfen offensichtlich mit äußerster Zähigkeit um ihr Leben und versuchen nur in Ausnahmefällen sich selbst zu zerstören. Außerdem variiert die Destruktivität bei den einzelnen Individuen außerordentlich und keineswegs nur hinsichtlich der nach außen oder nach innen gerichteten Manifestationen des Todestriebs. Wir begegnen Menschen, die eine besonders intensive Leidenschaft kennzeichnet, andere zugrunde zu richten, während die Mehrzahl der Menschen eine Destruktivität dieses Ausmaßes nicht erkennen lassen. Dieser geringere Grad von Destruktivität gegen andere geht jedoch nicht mit einem entsprechend höheren Maß an Selbstzerstörung, Masochismus, Krankheit und dergleichen Hand in Hand. (Vgl. die Ausführungen zu Statistiken über Selbstmord und Mord in E. Fromm, 1955a.)

In Anbetracht all dieser Einwände gegen Freuds Theorien ist es nicht verwunderlich, daß viele der im übrigen orthodoxen Analytiker, wie auch O. Fenichel, sich geweigert haben, seine Theorie vom Todestrieb zu akzeptieren, oder daß sie sie nur bedingt und mit starken Einschränkungen akzeptiert haben. Ich selbst schlage eine Weiterentwicklung von Freuds Theorie in folgender Richtung vor: Der Widerspruch zwischen Eros und Destruktion, zwischen der Affinität zum Lebendigen und der Affinität zum Toten ist in der Tat der grundlegende Widerspruch im Menschen. Es handelt sich dabei jedoch nicht um die Dualität von zwei biologisch inhärenten Trieben, die relativ konstant sind und immerzu miteinander kämpfen, bis schließlich der Todestrieb siegt, sondern es handelt sich um die Dualität zwischen der primären und grundlegenden Tendenz alles Lebendigen: am Leben festzuhalten[4], und ihrem Gegensatz, der in Erscheinung tritt, wenn der Mensch dieses Ziel verfehlt. Nach dieser Auffassung ist der »Todestrieb« ein *bösartiges* Phänomen, das in dem Maße wächst und die Oberhand gewinnt, als »Eros« sich nicht entfaltet. Der Todestrieb gehört in die *Psychopathologie* und ist nicht – wie Freud annahm – Bestandteil der *normalen Biologie*. Demnach repräsentiert der Lebenstrieb die primäre Potentialität im Menschen; der Todestrieb stellt eine sekundäre Potentialität dar.[5] Die primäre Potentialität entwickelt sich, wenn die entsprechenden Lebensbedingungen vorhanden sind, genau wie ein Same nur gedeiht, wenn die richtige Feuchtigkeit, Temperatur usw. vorhanden ist. Sind die richtigen Voraussetzungen nicht vorhanden, dann tauchen nekrophile Tendenzen im Menschen auf und gewinnen die Herrschaft über ihn.

[4] Freud verwahrt sich gegen den Einwand, wenn der Todestrieb so stark wäre, würden die Menschen normalerweise dazu neigen, Selbstmord zu begehen, indem er sagt, »daß der Organismus nur auf seine Weise sterben will... Dabei kommt das Paradoxe zustande, daß der lebende Organismus sich auf das energischste gegen Einwirkungen (Gefahren) sträubt, die ihm dazu verhelfen könnten, sein Lebensziel auf kurzem Weg (durch Kurzschluß sozusagen) zu erreichen« (S. Freud, 1920g, S.41).

[5] Vgl. meine Analyse der Destruktivität und der Unterscheidung zwischen primären und sekundären Potentialitäten in E. Fromm, 1947a, S. 210–226.

Welche Bedingungen sind nun aber verantwortlich für die Nekrophilie? Nach Freuds Theorie sollte man erwarten, daß die Stärke des Lebens- bzw. Todestriebs konstant bleibt und daß es für den Todestrieb nur die Alternative gibt, sich entweder nach außen oder nach innen zu wenden. Daher können Umweltfaktoren nur verantwortlich gemacht werden für die Richtung, die der Todestrieb nimmt, nicht aber für seine Intensität. Bekennt man sich dagegen zu der hier vorgebrachten Hypothese, so muß man sich fragen: Welche Faktoren führen im allgemeinen zu einer nekrophilen und welche zu einer biophilen Orientierung und näherhin zu einer größeren oder geringeren Intensität der Orientierung am Toten bei bestimmten Einzelpersonen oder Gruppen?

Auf diese wichtige Frage weiß ich keine vollgültige Antwort, und ich halte eine weitere Untersuchung des Problems für äußerst wichtig. Trotzdem kann ich aufgrund meiner klinischen Erfahrungen in der Psychoanalyse und aufgrund meiner Beobachtungen und Analyse des Gruppenverhaltens einige Antwortversuche wagen.

Die wichtigste Vorbedingung für die Entwicklung der Lebensliebe beim Kind ist, daß es mit Menschen zusammenlebt, die das Leben lieben. Die Liebe zum Lebendigen ist ebenso ansteckend wie die Liebe zum Toten. Sie teilt sich ohne Worte und Erklärungen mit, und ganz gewiß ohne daß man dem Kind vorzupredigen hat, daß man das Leben lieben muß. Sie kommt mehr in Gesten als in Ideen zum Ausdruck, mehr im Ton der Stimme als in Worten. Man spürt sie an der gesamten Atmosphäre eines Menschen oder einer Gruppe und nicht an bestimmten Prinzipien und Regeln, nach denen sie ihr Leben gestalten. Unter den spezifischen Bedingungen, die für die Entwicklung der Biophilie notwendig sind, möchte ich folgende erwähnen: ein warmer, liebevoller Kontakt mit anderen Menschen während der Kindheit; Freiheit und das Fehlen von Drohungen; Belehrung über die Grundsätze, die zu innerer Harmonie und Kraft führen, und zwar mehr durch Beispiel als durch Ermahnung; Einführung in die »Kunst des Lebens«; anregender Austausch mit anderen Menschen und eine von echten Interessen geprägte Lebensgestaltung. Gegensätzliche Voraussetzungen fördern die Entwicklung der Nekrophilie: das Heranwachsen unter Menschen, die das Tote lieben; Mangel an Anregungen; Angst, Bedingungen, die das Leben zur Routine und uninteressant machen; eine mechanische Ordnung an Stelle einer durch unmittelbare und zwischenmenschliche Beziehungen bestimmten Lebensgestaltung.

Es liegt auf der Hand, daß die gesellschaftlichen Bedingungen die Entwicklung des einzelnen in dieser Hinsicht entscheidend beeinflussen. Ich möchte hierzu noch einige Überlegungen anführen, auch wenn es sich dabei nur um erste Anregungen handeln kann.

Am meisten ins Auge fällt wohl, daß wir uns in einer Situation befinden, in der *Überfluß* und *Mangel* sich sowohl auf wirtschaftlichem wie auch auf psychologischem Gebiet schroff gegenüberstehen. Solange Menschen ihre Hauptenergie darauf verwenden müssen, ihr Leben gegen Angriffe zu verteidigen oder nicht zu verhungern, muß die Liebe zum Leben ja verkümmern und die Nekrophilie gedeihen. Eine weitere wichtige soziale Vorbedingung für die Entwicklung der Biophilie ist die Abschaffung der *Ungerechtigkeit.* Ich vertrete damit keine Auffassung des Hortens, für die es als Ungerechtigkeit gilt, wenn nicht jeder genau das gleiche besitzt wie der andere. Ich wende mich aber gegen eine gesellschaftliche Situation, in der die eine soziale Klasse die andere ausbeutet und ihr Bedingungen aufzwingt, welche die Entfaltung eines erfüllten, menschenwürdigen Lebens nicht zulassen, oder – um es anders auszudrücken – wo einer sozialen Klasse die einer anderen zugestandene Lebensweise vorenthalten wird. Letzten Endes verstehe ich unter Ungerechtigkeit eine gesellschaftliche Situation, in welcher der Mensch nicht Selbstzweck ist, sondern zum Mittel wird, damit andere ihr Ziel erreichen.

Schließlich ist auch die *Freiheit* eine wichtige Voraussetzung für die Entwicklung der Biophilie. Aber die »Freiheit von« politischen Fesseln ist keine ausreichende Voraussetzung. Wenn die Liebe zum Leben sich entwickeln soll, so muß »Freiheit zu etwas« vorhanden sein; die Freiheit etwas zu schaffen und aufzubauen, zu staunen und etwas zu wagen. Eine solche Freiheit setzt voraus, daß der einzelne aktiv und verantwortungsbewußt und kein Sklave oder gutgeöltes Zahnrädchen in einer Maschine ist.

Zusammenfassend ist zu sagen, daß sich die Liebe zum Leben am besten in einer Gesellschaft entfalten wird, wenn darin folgende Voraussetzungen gegeben sind: *Sicherheit* in dem Sinn, daß die materiellen Grundlagen für ein menschenwürdiges Dasein nicht bedroht sind, *Gerechtigkeit* in dem Sinn, daß niemand als Mittel zum Zweck für andere ausgenutzt werden kann, und *Freiheit* in dem Sinn, daß jedermann die Möglichkeit hat, ein aktives und verantwortungsbewußtes Mitglied der Gesellschaft zu sein. Der letzte Punkt ist besonders wichtig. Selbst in einer Gesellschaft, in der Sicherheit und Gerechtigkeit herrschen, kann die Liebe zum Leben sich nicht entwickeln, wenn in ihr nicht die kreative Selbsttätigkeit des einzelnen gefördert wird. Es genügt nicht, daß die Menschen keine Sklaven sind; wenn die gesellschaftlichen Bedingungen zur Existenz von Automaten führen, wird das Ergebnis nicht Liebe zum Lebendigen, sondern Liebe zum Toten sein. Ich werde hierauf später noch im Zusammenhang mit dem Problem der Nekrophilie im Atomzeitalter zu sprechen kommen, und zwar speziell in Verbindung mit dem Problem der bürokratischen Organisation der Gesellschaft.

Ich habe zu zeigen versucht, daß die Begriffe der Biophilie und der Nekrophilie mit Freuds Lebens- und Todestrieb verwandt sind, sich jedoch trotzdem davon unterscheiden. Sie sind ebenfalls noch mit einem anderen wichtigen Freudschen Begriff verwandt, der in seine frühe Libido-Theorie hineingehört, nämlich mit der »analen Libido« und dem »analen Charakter«. Freud veröffentlichte diese grundlegende Entdeckung in seiner Schrift *Charakter und Analerotik* (1908b). Es heißt darin: »Die Personen, die ich beschreiben will, fallen dadurch auf, daß sie in regelmäßiger Vereinigung die nachstehenden drei Eigenschaften zeigen: sie sind besonders *ordentlich, sparsam* und *eigensinnig*. Jedes dieser Worte deckt eigentlich eine kleine Gruppe oder Reihe von miteinander verwandten Charakterzügen. ›Ordentlich‹ begreift sowohl die körperliche Sauberkeit als auch Gewissenhaftigkeit in kleinen Pflichterfüllungen und Verläßlichkeit; das Gegenteil davon wäre: unordentlich, nachlässig. Die Sparsamkeit kann bis zum Geize gesteigert erscheinen; der Eigensinn geht in Trotz über, an den sich leicht Neigung zur Wut und Rachsucht knüpfen. Die beiden letzteren Eigenschaften – Sparsamkeit und Eigensinn – hängen fester miteinander als mit dem ersten, dem ›ordentlich‹ zusammen; sie sind auch das konstantere Stück des ganzen Komplexes, doch erscheint es mir unabweisbar, daß irgendwie alle drei zusammengehören« (S. Freud, 1908b, S. 203f.).

Freud meint dann, es läge nahe, »in den bei ehemaligen Analerotikern so häufig hervortretenden Charaktereigenschaften – Ordentlichkeit,

Sparsamkeit und Eigensinn – die nächsten und konstantesten Ergebnisse der Sublimierung der Analerotik zu erkennen« (a.a.O., S. 205). Freud und andere Psychoanalytiker nach ihm haben auf andere Formen von Sparsamkeit hingewiesen, welche sich nicht auf Kot, sondern auf Geld, Schmutz, Eigentum und den Besitz unnützer Dinge richten. Auch hat man nachgewiesen, daß der anale Charakter oft Züge von Sadismus und Destruktivität aufweist. Die psychoanalytische Forschung hat die Gültigkeit von Freuds Entdeckung mit einem umfangreichen klinischen Material belegt. Meinungsverschiedenheiten bestehen jedoch hinsichtlich der theoretischen Erklärung des »analen Charakters«, beziehungsweise des »hortenden Charakters«, wie ich ihn bezeichnet habe. (Vgl. E. Fromm, 1947a.) Entsprechend seiner Libido-Theorie nahm Freud an, daß die die anale Libido und deren Sublimierung speisende Energie zu einer erogenen Zone (in diesem Fall zum Anus) in Beziehung steht und daß diese anale Libido durch konstitutionelle Faktoren und zusätzliche individuelle Erlebnisse in der Reinlichkeitserziehung stärker ausgeprägt bleibt als beim normalen Menschen. Ich bin insofern anderer Ansicht als Freud, als mir die Annahme, daß die anale Libido als Partialtrieb der sexuellen Libido die dynamische Grundlage für die Entwicklung des analen Charakters sei, nicht genügend bewiesen scheint.

Meine eigenen Erfahrungen bei der Untersuchung des analen Charakters haben mich zur Überzeugung geführt, daß wir es hier mit Personen zu tun haben, die sich nur deshalb so stark für die menschlichen Ausscheidungen interessieren, weil sie sich ganz allgemein zu allem hingezogen fühlen, was nicht lebendig ist. Der Kot wird schließlich vom Körper ausgeschieden, weil er diesem nicht mehr von Nutzen ist. Der anale Charakter fühlt sich vom Kot angezogen, wie er sich von allem angezogen fühlt, was für das Leben ohne Wert ist, wie Schmutz, nutzlose Dinge und Eigentum, das lediglich Besitz ist und nicht der Produktion oder dem Konsum dient. Es werden noch eingehende Untersuchungen notwendig sein, um herauszufinden, wo die Ursachen für die Entwicklung dieser Affinität zu allem Nichtlebendigen liegen. Es besteht Grund zur Annahme, daß neben konstitutionellen Faktoren der Charakter der Eltern und besonders der der Mutter dabei eine wichtige Rolle spielt. Eine Mutter, die ihr Kind unbedingt zur Sauberkeit erziehen will und ein übertriebenes Interesse an seinen Stuhlentleerungen bekundet, ist eine

Frau mit einem stark analen Charakter, das heißt mit einem starken Interesse am Unlebendigen und Toten und wird ihr Kind in derselben Richtung beeinflussen. Außerdem wird sie keine Freude am Leben haben; sie wird das Interesse des Kindes nicht anregen, sondern abstumpfen. Oft trägt ihre Angst auch dazu bei, daß das Kind Angst vor dem Leben bekommt und sich vom Unlebendigen angezogen fühlt. Mit anderen Worten ist es nicht die Erziehung zur Sauberkeit als solche, die mit ihren Auswirkungen auf die analoge Libido zur Ausbildung eines analen Charakters führt, sondern der Charakter der Mutter, die durch ihre Lebensangst oder ihren Lebenshaß das Interesse auf den Entleerungsprozeß lenkt und auch noch auf mannigfache andere Weise die kindlichen Energien auf die Leidenschaft des Besitzen- und Hortenwollens hinlenkt.

Aus dieser Beschreibung ist leicht zu ersehen, daß der anale Charakter im Freudschen Sinn und der nekrophile Charakter, wie er weiter oben beschrieben ist, starke Ähnlichkeiten aufweisen. In bezug auf ihr Interesse am Unlebendigen und Toten und ihre Hinneigung dazu sind sie sich qualitativ tatsächlich gleich. Sie unterscheiden sich jedoch hinsichtlich der Intensität dieser Affinität. Ich halte *den nekrophilen Charakter für die bösartige Form jener Charakterstruktur, deren gutartige Form Freuds »analer Charakter« ist.* Dies impliziert, daß es keine scharf umrissene Abgrenzung zwischen dem analen und dem nekrophilen Charakter gibt und daß es oft schwer ist zu unterscheiden, ob man es mit dem einen oder dem anderen zu tun hat.

Der Begriff des nekrophilen Charakters stellt eine Verbindung her zwischen Freuds »analem Charakter«, dem die Libido-Theorie zugrunde lag, und seinen rein biologischen Spekulationen, aus denen er seinen Begriff des Todestriebes ableitete. In ähnlicher Weise stellt der Begriff des biophilen Charakters die Verbindung her zwischen Freuds Begriff des »genitalen Charakters« und seinem Begriff des Lebenstriebes. Damit ist ein erster Schritt getan, die Kluft zwischen den frühen und den späteren Theorien Freuds zu überbrücken, und es ist zu hoffen, daß weitere Forschungen diese Brücke verbreitern helfen.

Wenden wir uns jetzt den gesellschaftlichen Voraussetzungen der Nekrophilie wieder zu, so erhebt sich die Frage: Welche Beziehung besteht zwischen der Nekrophilie und dem Geist der heutigen Industriegesell-

bare und gewinnbringende Weise möglichst viel konsumieren. Ihre Intelligenz und ihr Charakter wird durch die ständig zunehmende Rolle von Tests standardisiert, welche den Mittelmäßigen und das Wagnis Vermeidenden vor den Originellen und Wagemutigen den Vorrang einräumen. Tatsächlich hat die bürokratisch-industrielle Zivilisation, die in Europa und Nordamerika den Vorrang gewonnen hat, einen neuen Menschentyp geschaffen, den man als den *Organisationsmenschen*, den *Automatenmenschen* und als *homo consumens* bezeichnen kann. Er ist außerdem ein *homo mechanicus*, worunter ich einen menschlichen Apparat verstehe, der sich von allem Mechanischen angezogen und von allem Lebendigen abgestoßen fühlt. Zwar ist der Mensch von der Natur mit so starken biologischen und physiologischen sexuellen Trieben ausgestattet, daß selbst der *homo mechanicus* noch sexuelle Begierden hat und sich nach Frauen umsieht. Aber andererseits ist nicht zu bezweifeln, daß das Interesse des Automatenmenschen an den Frauen abnimmt. Eine New Yorker Karikatur weist treffend darauf hin: eine Verkäuferin, die einer jungen Kundin ein bestimmtes Parfüm verkaufen möchte, empfiehlt es ihr mit den Worten: »Es riecht wie ein neuer Sportwagen.« Jeder, der heute das Verhalten der Männer aufmerksam beobachtet, wird bestätigen, daß diese Karikatur mehr ist als ein guter Witz. Offensichtlich gibt es heute sehr viele Männer, die sich mehr für Sportwagen, für Fernseh- und Radiogeräte, für Raumfahrt und alle möglichen technischen Spielereien interessieren als für Frauen, Liebe, Natur und ein gutes Essen. Die Beschäftigung mit nichtorganischen, mechanischen Dingen stimuliert sie stärker als das Leben. Es ist nicht einmal allzu abwegig zu vermuten, daß der Stolz und die Begeisterung des *homo mechanicus* über Geräte, die Millionen von Menschen auf eine Entfernung von mehreren tausend Meilen innerhalb von Minuten töten können, größer ist als seine Angst und Niedergeschlagenheit über die Möglichkeit einer solchen Massenvernichtung. Der *homo mechanicus* genießt noch den Sex und den Drink, aber er sucht diese Freuden in einem mechanischen und unlebendigen Rahmen. Er meint, es müsse da einen Knopf geben, den man nur zu drücken brauche, um Glück, Liebe und Vergnügen zu erhalten. (Viele gehen zum Psychotherapeuten mit der Illusion, er könne ihnen sagen, wo so ein Knopf zu finden ist.) Ein solcher Mann betrachtet die Frauen mit denselben Augen, mit denen er ein

Auto betrachtet. Er kennt den Knopf, auf den man drücken muß. Er genießt seine Macht, sie »auf Touren zu bringen«, und bleibt selbst der kühle Zuschauer und Beobachter. Der *homo mechanicus* interessiert sich immer mehr für den Umgang mit Maschinen und immer weniger für die Anteilnahme am eigentlichen Leben und für die Verantwortung, die darin liegt. Daher wird er gleichgültig. Das Mechanische fasziniert ihn, und schließlich fühlt er sich angezogen vom Toten und der totalen Destruktion.

Man überlege sich einmal, welche Rolle das Töten in unseren Unterhaltungsprogrammen spielt. Die Filme, die Comic Strips, die Zeitungen sind höchst aufregend, weil sie eine Unmenge von Berichten über Destruktion, Sadismus und Brutalität enthalten. Millionen Menschen führen ein eintöniges, aber behagliches Leben, und nichts bringt sie mehr in Erregung, außer sie sehen, wie einer umkommt, oder lesen darüber, und es ist gleichgültig, ob es sich nun um einen Mord oder einen tödlichen Unfall bei einem Autorennen handelt. Ist das kein Hinweis darauf, wie tief diese Faszination am Toten bereits in uns Wurzeln geschlagen hat? Man denke an Ausdrücke wie »mörderisch aufregend« oder »ich bin sterblich verliebt« in irgend etwas oder »es bringt mich einfach um«, und man bedenke, welche Gleichgültigkeit dem Leben gegenüber aus der Häufigkeit der Autounfälle spricht.

Kurz gesagt: Intellektualisierung, Quantifizierung, Abstrahierung, Bürokratisierung und Versachlichung – die Kennzeichen der heutigen Industriegesellschaft also – sind keine Lebensprinzipien, sondern mechanische Prinzipien, wenn man sie auf den Menschen statt auf Dinge anwendet. Menschen, die in einem solchen System leben, werden gleichgültig gegenüber dem Leben und fühlen sich vom Toten angezogen. Freilich merken sie es selber nicht. Sie verwechseln den erregenden Kitzel mit Lebensfreude und leben in der Illusion, ein sehr lebendiges Leben zu führen, wenn sie viele Dinge besitzen und benutzen können. Die spärlichen Proteste gegen den Atomkrieg, die Diskussion unserer Fachleute für Atomkrieg über das Gleichgewicht totaler oder halb-totaler Zerstörung zeigt, wie weit wir uns bereits im »finsteren Tal des Todes« befinden.

Wir finden diese Merkmale einer nekrophilen Orientierung in sämtlichen modernen Industriegesellschaften ohne Rücksicht auf ihre jeweilige politische Struktur. Die Gemeinsamkeiten des russischen Staatskapitalismus mit dem korporativen Kapitalismus sind wesentlicher als die Unterschiede in den beiden Systemen. Beiden gemeinsam sind ihre bürokratisch-mechanistischen Methoden und ihre Vorbereitung der totalen Destruktion.

Daß zwischen der nekrophilen Lebensverachtung und der Bewunderung der Geschwindigkeit und alles Mechanischen eine innere Affinität besteht, hat sich erst in den letzten Jahrzehnten deutlich herausgestellt. Doch hat Marinetti es bereits 1909 erkannt und in seinem *Gründungsmanifest des Futurismus* prägnant zum Ausdruck gebracht:

»1. Wir wollen die Liebe zur Gefahr besingen, die Vertrautheit mit Energie und Wagemut.

2. Mut, Kühnheit und Auflehnung sollen die wesentlichen Elemente unserer Poesie sein.

3. Bisher hat die Literatur die gedankenschwere Unbeweglichkeit, das Entzücken und den Schlaf gepriesen. Wir wollen preisen die angriffslustige Bewegung, die fiebrige Schlaflosigkeit, den Laufschritt, den Salto mortale, die Ohrfeige und den Faustschlag.

4. Wir erklären, daß die Herrlichkeit der Welt sich um eine neue Schönheit bereichert hat: die Schönheit der Geschwindigkeit. Ein Rennwagen, dessen Karosserie große Rohre schmücken, welche Schlangen mit explosivem Atem gleichen... ein aufheulendes Automobil, das auf Gewehrgeschossen zu laufen scheint, ist schöner als die *Nike von Samothrake*.

5. Wir wollen den Mann besingen, der das Steuer in der Hand hält, dessen Lenkachse mitten durch die Erde geht, die selbst auf ihrer Umlaufbahn dahinjagt.

6. Der Dichter muß sich glühend, glanzvoll und freigebig verschwenden, um die leidenschaftliche Glut der Urelemente zu vermehren.

7. Schönheit gibt es nur noch im Kampf. Ein Werk ohne aggressiven Charakter kann kein Meisterwerk sein. Die Poesie muß aufgefaßt

werden als heftiger Angriff auf die unbekannten Kräfte, um sie zu zwingen, sich vor dem Menschen zu beugen.

8. Wir stehen auf dem äußersten Vorgebirge der Jahrhunderte!... Warum sollten wir zurückblicken, wenn wir die geheimnisvollen Tore des Unmöglichen aufbrechen wollen? Zeit und Raum sind gestern gestorben. Wir leben bereits im Absoluten, denn wir haben schon die ewige, allgegenwärtige Geschwindigkeit erschaffen.

9. Wir wollen den Krieg verherrlichen – diese einzige Hygiene der Welt – den Militarismus, den Patriotismus, die Vernichtungstat der Anarchisten, die schönen Ideen, für die man stirbt, und die Verachtung des Weibes.

10. Wir wollen alle Museen, Bibliotheken und Akademien zerstören und gegen den Moralismus, den Feminismus und gegen jede Feigheit kämpfen, die auf Zweckmäßigkeit und Eigennutz beruht.

11. Wir werden die großen Menschenmengen besingen, die die Arbeit, das Vergnügen oder der Aufruhr erregt; besingen werden wir die vielfarbige, vielstimmige Flut der Revolutionen in den modernen Hauptstädten; besingen werden wir die nächtliche vibrierende Glut der Arsenale und Werften, die von grellen elektrischen Monden erleuchtet werden; die gefräßigen Bahnhöfe, die rauchende Schlangen verzehren; die Fabriken, die mit ihren sich hochwindenden Rauchfäden an den Wolken hängen; die Brücken, die wie gigantische Athleten Flüsse überspringen, welche in der Sonne wie Messer aufblitzen; die abenteuersuchenden Dampfer, die den Horizont wittern; die breitbrüstigen Lokomotiven, die auf den Schienen wie riesige, mit Rohren aufgezäumte Stahlrosse herstampfen und den dahingleitenden Flug der Aeroplane, deren Propeller wie eine Fahne im Winde knattert und Beifall zu klatschen scheint wie eine begeisterte Menge.« (Zit. nach Ch. Baumgarth, 1966, S. 26f., mit kleinen Änderungen nach dem italienischen Urtext.)

Es ist interessant, Marinettis nekrophile Interpretation der Technik und Industrie mit ihrer durch und durch biophilen Interpretation in Walt Whitmans Gedichten zu vergleichen. Das Gedicht *Crossing Brooklyn*

Ferry (Auf der Brooklyn-Fähre) endet mit den Versen:

> Blüht ihr Städte – bringt eure Fracht, bringt, was ihr zu bieten habt, ihr breiten und tüchtigen Ströme,
> dehnt euch weiter aus, die ihr vielleicht mehr Seele habt als jedes andere Wesen,
> behauptet euren Platz, ihr, die ihr beständiger seid als alle anderen Dinge.
> Ihr wartet schon lange, wartet immer, ihr stummen, schönen Gesandten.
> Wir empfangen euch nun endlich mit freiem Sinn, unersättlich hinfort,
> ihr sollt uns nicht mehr beschämen können, nicht länger euch uns versagen,
> wir werden euch nutzen, und wir verschmähen euch nicht – wir pflanzen euch uns ein für immer,
> wir loten eure Tiefe nicht aus – wir lieben euch – auch in euch ist Vollkommenheit,
> für die Ewigkeit leistet auch ihr euer Teil, groß oder klein, auch ihr wirkt mit an der Seele.

Oder am Schluß seines *Song of the Open Road (Lied der Landstraße)* heißt es:

> Camerado, ich reich dir die Hand!
> Ich schenk dir meine Liebe, die mehr gilt als Geld,
> ich schenk dir mich selbst statt Predigt und Gebot.
> Schenkst auch du dich mir? Kommst du mit auf die Reise?
> Bleiben wir beisammen, solange wir leben?

Whitman hätte seine Opposition gegen die Nekrophilie nicht besser ausdrücken können als mit der Zeile »Weitergehen (oh leben!) und die Leichen hinter sich lassen.«

Wenn wir Marinettis Einstellung zur Industrie mit der Walt Whitmans vergleichen, wird klar, daß die industrielle Produktion als solche nicht unbedingt im Gegensatz zu den Prinzipien des Lebens stehen muß. Es geht darum, ob die Prinzipien des Lebens denen der Mechanisierung untergeordnet werden oder ob die Prinzipien des Lebens die Oberhand behalten. Offensichtlich hat unsere industrialisierte Welt bisher noch keine Antwort auf die Frage gefunden, die sich hier stellt, nämlich wie man einen humanistischen Industrialismus im Gegensatz zu dem bürokratischen Industrialismus, der heute unser Leben regiert, zuwege bringen könnte.

4

INDIVIDUELLER UND GESELLSCHAFTLICHER NARZISSMUS

Eine der fruchtbarsten und weitreichendsten Entdeckungen Freuds ist sein Begriff des Narzißmus. Freud selbst sah darin eines seiner wichtigsten Forschungsergebnisse und zog ihn zur Erklärung so unterschiedlicher Phänomene wie Psychosen (»narzißtische Neurosen«), Liebe, Kastrationsangst, Eifersucht und Sadismus heran, wie auch zum besseren Verständnis von Massenphänomenen, zum Beispiel der Bereitschaft der unterdrückten Klassen zur Loyalität gegenüber denen, die sie beherrschen. Ich möchte in diesem Kapitel Freuds Gedankengänge weiterführen und untersuchen, welche Rolle der Narzißmus beim Nationalismus, beim Nationalhaß und bei den psychologischen Motivationen für Destruktivität und Krieg spielt.

Nebenbei möchte ich erwähnen, daß der Begriff des Narzißmus in den Schriften von Jung und Adler kaum Beachtung fand und daß ihm auch Horney nicht die Aufmerksamkeit schenkte, die er verdient hätte. Selbst in der Theorie und Therapie der orthodoxen Freudianer wird dieser Begriff weitgehend nur auf den Narzißmus bei Kleinkindern und psychotischen Patienten angewandt. Daß man ihm nicht gerecht geworden ist, liegt wahrscheinlich daran, daß Freud ihn gewaltsam in seine Libido-Theorie hineingezwängt hat.

Freuds Ausgangspunkt war sein Bemühen, die Schizophrenie mit seiner Libido-Theorie zu erklären. Angesichts der Tatsache, daß der schizophrene Patient keinerlei libidinöse Beziehungen zu Objekten (weder in der Realität noch in seiner Phantasie) zu haben scheint, stellte sich Freud die Frage: »Welches ist das Schicksal der den Objekten entzogenen Libido bei der Schizopohrenie?« (S. Freud, 1914c, S. 140). Seine Antwort lautet: »Die der Außenwelt entzogene Libido ist dem Ich zugeführt

worden, so daß ein Verhalten entstand, welches wir Narzißmus heißen können« (a.a.O.). Freud vermutete, daß die Libido ursprünglich im Ich wie in einem »großen Reservoir« gespeichert wird, daß sie dann auf Objekte ausgedehnt, aber diesen leicht wieder entzogen und ins Ich zurückgenommen wird. 1922 änderte Freud diese Auffassung und bezeichnete nun das Es als das große Reservoir der Libido, wenn er auch seine frühere Ansicht anscheinend nie ganz aufgegeben hat.[1]
Allerdings ist die theoretische Frage, ob die Libido ursprünglich im Ich oder im Es ihren Ausgang nimmt, für die Bedeutung des Begriffs nur unerheblich. Seine Grundauffassung hat Freud nie geändert, daß nämlich der ursprüngliche Zustand des Menschen in seiner frühen Kindheit der des »primären Narzißmus« sei, in dem noch keinerlei Beziehungen zur Außenwelt bestünden, daß das Kind dann im Laufe seiner normalen Entwicklung anfange, seine (libidinösen) Beziehungen zur Außenwelt weiter auszudehnen und zu intensivieren, daß es aber häufig vorkomme (am drastischsten bei Geisteskrankheit), daß die an Objekte angehängte Libido zurückgenommen wird und sich wieder auf das eigene Ich richtet (»sekundärer Narzißmus«). Aber selbst bei einer normalen Entwicklung bleibe der Mensch sein ganzes Leben lang bis zu einem gewissen Grade narzißtisch. (Vgl. S. Freud, 1912–13, S. 109f.)
Wie geht nun aber die Entwicklung des Narzißmus beim »normalen« Menschen vor sich? Freud hat die Hauptlinien dieser Entwicklung skizziert, und ich möchte seine Ergebnisse im nächsten Absatz kurz zusammenfassen.
Der Fötus im Mutterleib lebt noch im Zustand eines absoluten Narzißmus. »So haben wir mit dem Geborenwerden den Schritt vom absolut selbstgenügsamen Narzißmus zur Wahrnehmung einer veränderlichen Außenwelt und zum Beginn der Objektfindung gemacht...« (S. Freud, 1921c, S. 146). Es braucht Monate, bis das Kind Gegenstände außerhalb seiner selbst als zu einem »Nicht-Ich« gehörig auch nur wahrnehmen kann. Dadurch, daß das Kind mit seinem Narzißmus viele Enttäuschungen hinnehmen muß, daß es außerdem die Außenwelt und deren Gesetzmäßigkeiten immer besser kennenlernt, verwandelt sich der ur-

[1] Vgl. die Diskussion dieser Entwicklung in S. Freud, Stud., Band III, S. 76–80, bes. S. 79f.

sprüngliche Narzißmus »notwendigerweise« in »Objektliebe«. »Aber«, sagt Freud, »der Mensch bleibt in gewissem Maße narzißtisch, auch nachdem er äußere Objekte für seine Libido gefunden hat« (S. Freud, 1912–13, S. 110). Die Entwicklung des Individuums kann man nach Freud geradezu als Entwicklung vom absoluten Narzißmus zu objektivem Denken und zur Objektliebe bezeichnen, wobei es sich jedoch um eine Fähigkeit handelt, der gewisse Grenzen gesetzt sind. Beim »normalen«, »reifen« Menschen ist der Narzißmus auf das sozial akzeptierte Minimum reduziert, ohne jedoch jemals ganz zu verschwinden. Unsere Erfahrungen im täglichen Leben bestätigen Freuds Beobachtungen. Bei den meisten Menschen scheint ein narzißtischer Kern vorhanden zu sein, an den man nicht herankommt und der jeden Versuch, ihn ganz aufzulösen, scheitern läßt.

Wer mit Freuds Terminologie nicht vertraut ist, wird sich vermutlich ohne eine etwas konkretere Beschreibung keine klare Vorstellung von der Realität und Macht des Narzißmus machen können. Ich werde versuchen, diese im folgenden zu geben. Zuvor sei jedoch noch etwas bezüglich Freuds Terminologie klargestellt. Seine Ansichten über den Narzißmus basieren auf seinem Begriff der sexuellen Libido. Wie bereits angedeutet, hat es sich jedoch herausgestellt, daß diese mechanistische Libidoauffassung die Weiterentwicklung des Narzißmus-Begriffs eher blockiert als gefördert hat. Meiner Ansicht nach kann man die darin enthaltenen Möglichkeiten weit besser ausnutzen, wenn man sich zu einer Auffassung der psychischen Energie bekennt, die mit der Energie des Sexualtriebs nicht identisch ist. Jung hat das getan; eine gewisse Anerkennung dieses Gedankens findet sich sogar bei Freud selbst in seiner Vorstellung von einer desexualisierten Libido. Aber wenn sich die nicht-sexuelle psychische Energie auch von Freuds Libido unterscheidet, so handelt es sich doch dabei genau wie bei der Libido um einen *Energie*-Begriff; sie bezieht sich auf psychische Kräfte, die nur durch ihre Manifestationen sichtbar werden, welche eine bestimmte Intensität besitzen und in einer bestimmten Richtung verlaufen. Diese Energie bindet und verbindet, hält das Individuum in sich zusammen und hält es gleichzeitig in Verbindung mit der Außenwelt. Selbst wenn man mit der Auffassung aus Freuds Frühzeit nicht übereinstimmt, daß der Sexualtrieb (die Libido) neben dem Lebenstrieb die einzig wichtige Kraft sei, die das menschliche Verhalten motiviere, und wenn man sich statt dessen des allgemeinen Begriffs der psychischen Energie bedient, so ist der Unterschied doch nicht so groß, wie viele dogmatisch Denkende annehmen möchten. Das Wesentliche an jeder Theorie oder Therapie, die man als Psychoanalyse bezeichnen könnte, ist die *dynamische* Auffassung menschlichen Verhaltens; das heißt, daß stark geladene Kräfte das Verhalten motivieren und daß man das Verhalten nur verstehen und voraussagen kann, wenn man diese Kräfte versteht. Diese dynamische Auffassung des menschlichen Verhaltens steht im Mittelpunkt von Freuds System. Wie man diese Kräfte theoretisch begreift, in den Begriffen einer mechanistisch-materialistischen Philosophie oder in den Begriffen eines humanistischen Realismus, ist zwar eine wichtige Frage, doch ist sie nur von sekundärer Bedeutung im Vergleich zur zentralen Bedeutung der dynamischen Interpretation menschlichen Verhaltens.

Beginnen wir bei unserer Beschreibung des Narzißmus mit zwei extremen Beispielen: dem »primären Narzißmus« des Neugeborenen und dem Narzißmus des Geisteskranken. Das Neugeborene besitzt noch keine Beziehung zur Außenwelt. (In der Freudschen Terminologie heißt das, daß noch keine Objektbesetzung stattgefunden hat.) Man kann es auch so ausdrücken, daß man sagt, die Außenwelt existiere für das Neugeborene nicht, was so weit geht, daß es nicht in der Lage ist, zwischen dem »Ich« und dem »Nicht-Ich« zu unterscheiden. Wir können auch sagen, daß das Neugeborene noch kein »Interesse« (inter-esse = darin sein) an der Außenwelt hat. Die einzige Realität, die für das Neugeborene existiert, ist es selbst: sein Körper, seine körperlichen Empfindungen von kalt und warm, Durst, Schlafbedürfnis und Körperkontakt.

Der Geisteskranke befindet sich in einer Lage, die sich nicht wesentlich von der des Neugeborenen unterscheidet. Aber während die Außenwelt für das Neugeborene *noch nicht* als real *aufgetaucht ist*, hat sie für den Geisteskranken *aufgehört* real zu sein. Im Falle von Halluzinationen zum Beispiel haben die Sinne ihre Funktion, Ereignisse der Außenwelt zu registrieren, eingebüßt und registrieren subjektive Erlebnisse nach Art sensorischer Reaktionen auf Gegenstände der Außenwelt. Beim Verfolgungswahn wirkt sich der gleiche Mechanismus aus. Subjektive Emotionen wie zum Beispiel Angst oder Argwohn werden so objektiviert, daß der Paranoide überzeugt ist, daß sich andere gegen ihn verschworen haben. Eben hierdurch unterscheidet er sich vom Neurotiker: Letzterer kann in einer ständigen Angst leben, gehaßt oder verfolgt zu werden oder dergleichen, ist sich aber immer noch bewußt, daß es sich dabei um *seine Befürchtungen* handelt. Beim Paranoiden hat sich die Angst in eine Tatsache verwandelt.

Eine besondere Art des Narzißmus, die auf der Grenze zwischen Normalität und Geisteskrankheit liegt, findet sich bei Menschen, die über außergewöhnliche Macht verfügen. Die ägyptischen Pharaonen, die römischen Kaiser, die Borgias, Hitler, Stalin und Trujillo – sie alle weisen bestimmte ähnliche Charaktermerkmale auf. Sie sind im Besitz absoluter Macht; sie haben die letzte Entscheidung über alles – einschließlich Leben und Tod; die Macht zu tun, was sie wollen, scheint grenzenlos zu sein. Es sind Götter, und nur Krankheit, Alter und Tod können ihnen etwas anhaben. Sie versuchen eine Lösung für das Problem der menschlichen Existenz zu finden, indem sie den verzweifelten Versuch machen, die Grenzen dieser Existenz zu überschreiten. Sie versuchen, so zu tun, als gebe es keine Grenzen für ihre Gelüste und für ihre Machtgier. So schlafen sie mit zahllosen Frauen, töten unzählige Menschen, bauen überall ihre Paläste und »greifen nach den Sternen«, »wollen das Unmögliche«. (Camus hat in seinem Drama *Caligula* diesen Machtrausch treffend geschildert.) Das ist Wahnsinn, wenngleich es der Versuch ist, das Existenzproblem dadurch zu lösen, daß man vorgibt, nicht menschlich zu sein. Es ist dies ein Wahnsinn, der die Tendenz zeigt, im Laufe des Lebens des Betroffenen immer schlimmer zu werden. Je mehr der Betreffende versucht, ein Gott zu sein, um so mehr isoliert er sich von allen anderen Menschen; diese Isolation jagt ihm eine wachsende Angst ein, jedermann wird sein Feind, und um der daraus resultierenden Angst Herr zu werden, muß er seine Macht, seine Skrupellosigkeit und seinen Narzißmus weiter verstärken. Der Cäsarenwahn wäre nichts weiter als eine reine Geisteskrankheit, wenn nicht hinzukäme, daß der Cäsar durch seine Macht die Realität seinen narzißtischen Phantasien unterworfen hat. Er hat alle gezwungen zuzugeben, daß er ein Gott ist, der mächtigste und weiseste aller Menschen – weshalb sein eigener Größenwahn ein begründeter Eindruck zu sein scheint. Andererseits werden ihn viele hassen, sie werden versuchen, ihn zu stürzen und umzubringen, was zur Folge hat, daß auch sein pathologischer Argwohn einen realen Kern be-

sitzt. So kommt es, daß er die Verbindung mit der Wirklichkeit nicht ganz verliert und daß ihm ein kleiner Überrest von geistiger Gesundheit bleibt, der freilich leicht zu erschüttern ist.
Die Psychose ist ein Zustand des absoluten Narzißmus, ein Zustand, in dem der Betreffende jede Verbindung mit der äußeren Realität abgebrochen hat und diese durch seine eigene Person ersetzt. Er ist ganz von sich selbst erfüllt, er ist sich »Gott und Welt« geworden. Diese Einsicht war es, mit der Freud erstmals den Weg zu einem dynamischen Verständnis des Wesens der Psychose erschlossen hat.
Da nicht alle Leser mit dem Problem der Psychose vertraut sein dürften, erscheint es mir notwendig, hier eine Beschreibung des Narzißmus einzufügen, wie er bei neurotischen oder bei »normalen« Personen anzutreffen ist. Eine der elementarsten Formen des Narzißmus tritt beim Durchschnittsmenschen in seiner Einstellung zu seinem Körper in Erscheinung. Die meisten Menschen finden Gefallen am eigenen Körper, an ihrem Gesicht und ihrer Figur, und wenn man sie fragt, ob sie mit jemand anders tauschen möchten, der vielleicht sogar hübscher ist als sie, so verneinen sie das sehr entschieden. Noch aufschlußreicher ist die Tatsache, daß den meisten Menschen der Anblick oder Geruch ihres eigenen Kots nicht das geringste ausmacht (manche empfinden ihn sogar als angenehm), während sie sich vor dem anderer Menschen ausgesprochen ekeln. Ganz offensichtlich hat das mit einer ästhetischen Beurteilung oder einer Beurteilung anderer Art nichts zu tun; das Gleiche, was man in Verbindung mit dem eigenen Körper als angenehm empfindet, empfindet man in Verbindung mit einem anderen als unangenehm.
Wenden wir uns nun einem anderen, weniger allgemein verbreiteten Fall von Narzißmus zu. Jemand ruft bei einem Arzt an und verlangt einen Termin. Der Arzt sagt, er habe in dieser Woche keinen Termin mehr frei, und schlägt einen für die folgende Woche vor. Der Patient besteht darauf, schon früher einen Termin zu erhalten, und gibt als Erklärung nicht – wie man erwarten sollte – an, weshalb es so dringend ist, sondern sagt, er wohne ja nur fünf Minuten von der Praxis des Arztes entfernt. Als dieser ihm antwortet, die Tatsache, daß es den Patienten nur so wenig Zeit koste, in seine Praxis zu kommen, löse aber sein eigenes Zeitproblem nicht, zeigt der Patient kein Verständnis dafür, sondern beharrt auch weiter darauf, daß er dem Arzt einen triftigen Grund für einen frü-

heren Termin angegeben habe. Ist der Arzt Psychiater, so wird er inzwischen eine wichtige diagnostische Beobachtung gemacht haben, nämlich, daß er es hier mit einem äußerst narzißtischen Menschen, das heißt mit einem Schwerkranken zu tun hat. Die Gründe liegen auf der Hand. Der Patient ist nicht imstande, die Situation des Arztes von seiner eigenen Situation zu trennen. Er sieht nichts als den Wunsch, den Arzt aufzusuchen und daß es *ihn* nur wenig Zeit kosten wird, zu ihm hinzugehen. Der Arzt existiert für ihn nicht als eigenständige Person mit eigenem Terminkalender und eigenen Bedürfnissen. Die logische Schlußfolgerung dieses Patienten lautet, wenn es für ihn einfach sei, den Arzt aufzusuchen, so müsse es auch für diesen einfach sein, ihn zu empfangen. Die Diagnose würde etwas anders ausfallen, wenn der Patient nach der ersten Erklärung des Arztes zu der Antwort imstande wäre: »Aber natürlich, Herr Doktor, das sehe ich ein; bitte, entschuldigen Sie, es war wirklich dumm von mir, so etwas zu sagen.« Wir hätten es zwar auch in diesem Fall mit einem narzißtischen Patienten zu tun, der zunächst nicht zwischen seiner eigenen Situation und der des Arztes unterscheidet, aber sein Narzißmus wäre nicht so intensiv und stur wie der des ersten Patienten. Ein solcher Mensch ist noch in der Lage, die wirkliche Situation zu erkennen, wenn er darauf hingewiesen wird, und reagiert dann entsprechend. Ihm dürfte sein Fehler peinlich sein, nachdem er ihn eingesehen hat; ein Patient von der ersten Art würde dagegen keineswegs in Verlegenheit geraten – er würde nur an dem Arzt herumkritisieren und sagen, dieser sei zu dumm, etwas so Simples zu begreifen.

Eine ähnliche Erscheinung kann man leicht bei einem narzißtischen Mann beobachten, der sich in eine Frau verliebt, die seine Liebe nicht erwidert. Der Narzißtische wird dann einfach nicht glauben, daß die Frau ihn nicht liebt. Er wird argumentieren: »Es ist unmöglich, daß sie mich nicht liebt, wo ich sie doch so sehr liebe«, oder »ich könnte sie gar nicht so sehr lieben, wenn sie mich nicht auch liebte«. Dann versucht er sich die mangelnde Gegenliebe der Frau mit allerlei Vermutungen zu erklären, wie: »Sie liebt mich unbewußt; sie fürchtet sich vor der Gewalt ihrer Liebe; sie will mich auf die Probe stellen, um mich zu quälen« und dergleichen mehr. Das Wesentliche ist hier wie im vorigen Fall, daß der narzißtische Mensch außerstande ist, sich in einen anderen Menschen hineinzuversetzen, der anders ist als er.

Betrachten wir nun zwei Phänomene, die scheinbar überhaupt nichts miteinander zu tun haben, aber trotzdem beide durch ihren Narzißmus gekennzeichnet sind. Eine Frau bringt jeden Tag viele Stunden vor dem Spiegel zu, um sich zu frisieren und ihr Gesicht zu schminken. Sie tut es nicht nur, weil sie eitel ist. Sie ist von ihrem Körper und ihrer Schönheit geradezu besessen, und ihr Körper ist die einzig bedeutsame Realität für sie. Ihre Haltung erinnert stark an die griechische Sage von dem schönen Jüngling Narziß, der die Liebe der Nymphe Echo verschmähte, die deshalb an gebrochenem Herzen starb. Nemesis (bzw. Aphrodite) bestrafte ihn damit, daß er sich in sein eigenes Spiegelbild im Wasser eines Sees verliebte und sich in seiner Selbstbewunderung verzehrte. Die griechische Sage weist deutlich darauf hin, daß diese Art der »Selbstliebe« ein Fluch ist und daß sie in ihrer extremen Form zur Selbstzerstörung führt.[2]
Eine andere Frau (und es könnte sehr wohl die gleiche sein, nur ein paar Jahre später) leidet an Hypochondrie. Auch sie ist ständig mit ihrem Körper beschäftigt, wenn auch nicht in der Weise, daß sie ihn zu verschönern sucht, sondern daß sie Angst vor Krankheiten hat. Weshalb man sich für das positive oder das negative Bild entscheidet, hat natürlich seine Gründe, mit denen wir uns jedoch hier nicht zu beschäftigen brauchen. Worauf es uns hier ankommt, ist, daß hinter beiden Phänomenen die gleiche narzißtische Beschäftigung mit der eigenen Person steckt, wobei wenig Interesse für die Außenwelt übrigbleibt.
Nicht viel anders ist es mit der *moralischen Hypochondrie.* Hier fürchtet der Betreffende nicht krank zu sein und sterben zu müssen, sondern eine Schuld auf sich geladen zu haben. Ein solcher Mensch grübelt ständig darüber nach, was er sich hat zuschulden kommen lassen, was er falsch gemacht hat, welche Sünden er begangen hat und dergleichen. Während er für den Außenstehenden – und auch in seinen eigenen Augen – den Eindruck macht, besonders gewissenhaft und moralisch zu sein, ja sich sogar um andere zu sorgen, ist er in Wirklichkeit nur mit sich selbst be-

[2] Vgl. die Erörterung der Selbstliebe in E. Fromm 1947. Ich versuche dort nachzuweisen, daß die wahre Selbst-Liebe sich nicht von der Liebe zu anderen Menschen unterscheidet; ich zeige zugleich aber auch, daß die »Selbstliebe« im Sinne der egoistischen, narzißtischen Liebe sich gerade bei Menschen finden läßt, die weder andere noch sich selbst lieben können.

schäftigt, mit seinem Gewissen, mit dem, was andere über ihn sagen könnten usw. Der der körperlichen und moralischen Hypochondrie zugrunde liegende Narzißmus unterscheidet sich vom Narzißmus eines eitlen Menschen nur dadurch, daß er für das ungeübte Auge weniger auffällig ist. Man findet diese Art des Narzißmus, den K. Abraham als *negativen Narzißmus* klassifiziert hat, besonders in Zuständen von Melancholie. Diese Zustände der Melancholie sind durch Gefühle von Unzulänglichkeit, durch Unwirklichkeit und durch Selbstbeschuldigungen gekennzeichnet.

In weniger ausgeprägter Form begegnet man der narzißtischen Orientierung auch im täglichen Leben. Hiervon zeugt ein netter Witz. Ein Schriftsteller trifft einen Freund und berichtet ihm lang und breit über sich selbst. Schließlich sagt er: »Ich habe jetzt so lange über mich geredet. Jetzt wollen wir mal von *dir* reden. Wie gefällt dir denn mein letztes Buch?« Dieser Mann ist typisch für viele, die sich nur mit sich selbst beschäftigen und sich für andere nur insofern interessieren, als diese ein Echo ihrer eigenen Person sind. Selbst wenn sie sich als hilfreich und gefällig erweisen, so tun sie das oft nur, weil sie sich in dieser Rolle gefallen; sie verwenden ihre gesamte Energie darauf, sich selbst zu bewundern, anstatt die Dinge vom Standpunkt dessen, dem sie helfen, aus zu sehen.

Woran erkennt man einen narzißtischen Menschen? Es gibt einen Typ, den man leicht erkennen kann. Er tritt mit allen Zeichen der Selbstzufriedenheit auf. Wenn er ein paar belanglose Worte äußert, sieht man ihm an, daß er das Gefühl hat, etwas äußerst Wichtiges gesagt zu haben. Meist hört er den anderen gar nicht zu und ist auch kaum daran interessiert, was sie sagen. (Wenn er klug ist, wird er versuchen, dies zu verbergen, indem er Fragen stellt und so tut, als ob er sich dafür interessierte.) Man kann einen narzißtischen Menschen auch daran erkennen, daß er äußerst empfindlich auf jede Kritik reagiert. Diese Empfindlichkeit kann sich darin äußern, daß er bestreitet, daß die Kritik stichhaltig sei, oder daß er mit Zorn oder Depression darauf reagiert. In vielen Fällen kann sich die narzißtische Orientierung auch hinter einer bescheidenen und demütigen Haltung verstecken; tatsächlich kommt es häufig vor, daß ein narzißtischer Mensch seine Demut zum Gegenstand seiner Selbst-Bewunderung macht. Wie auch immer die verschiedenen Äußerungsformen des Narzißmus aussehen mögen, gemeinsam ist ihnen allen ein Mangel an echtem Interesse für die Außenwelt.[3] Manchmal läßt sich der narzißtische Mensch auch an seinem Gesichtsausdruck erkennen. Manchmal beobachtet man ein Leuchten in seinem Gesicht oder ein Lächeln, das manchen einen Ausdruck von Selbstgefälligkeit verleiht, während andere glückstrahlend, vertrauensvoll und kindlich wirken. Oft ist der Narzißmus, besonders in seinen extremsten Formen, an einem besonderen Glitzern in den Augen zu erkennen, das manche für ein Anzeichen von Heiligkeit und wieder andere für ein Anzeichen von leichter Verrücktheit halten. Viele stark narzißtische Personen reden unaufhörlich – oft auch beim Essen, wobei sie selbst das Essen vergessen und alle anderen zwingen, auf sie zu warten. Geselligkeit und Speisen sind ihnen weniger wichtig als ihr »Ich«.

Der narzißtische Mensch muß nicht unbedingt seine Gesamtpersönlichkeit zum Gegenstand seines Narzißmus machen. Oft hat er nur einen Teilaspekt derselben mit seinem Narzißmus besetzt, wie zum Beispiel seine Ehre, seine Intelligenz, seine körperliche Tüchtigkeit, seinen Witz, sein gutes Aussehen (manchmal sogar eingeschränkt auf Einzelheiten wie sein Haar oder seine Nase). Manchmal bezieht sich sein Narzißmus auch auf Eigenschaften, auf die ein normaler Mensch nicht gerade stolz wäre, wie zum Beispiel auf seine Fähigkeit, Angst zu haben und so die Gefahr voraussagen zu können. »Er« identifiziert sich mit einem Teilaspekt seiner selbst. Fragen wir uns, wer »er« ist, dann müßte die richtige Antwort lauten, daß »er« sein Verstand, sein Ruhm, sein Reichtum, sein Penis, sein Gewissen ist und so weiter. Alle Idole der verschiedenen Religionen repräsentieren ebenso viele Teilaspekte des Menschen. Beim narzißtischen Menschen kann eine jede dieser partiellen Eigenschaften,

[3] Manchmal fällt es nicht leicht, zwischen einem eitlen, narzißtischen Menschen und einem Menschen mit Minderwertigkeitsgefühlen zu unterscheiden. Letzterer braucht oft Lob und Bewunderung nicht deshalb, weil er sich nicht für andere Menschen interessiert, sondern weil er an sich selbst zweifelt und Minderwertigkeitskomplexe hat. Es gibt noch einen anderen wichtigen Unterschied, der ebenfalls nicht immer leicht festzustellen ist, den zwischen Narzißmus und Egoismus. Zum intensiven Narzißmus gehört die Unfähigkeit, die Wirklichkeit in ihrer ganzen Fülle zu erleben; zum intensiven Egoismus gehört, daß man für andere nur wenig Interesse, Liebe oder Sympathie übrig hat, doch gehört dazu nicht unbedingt eine Überschätzung der eigenen subjektiven Prozesse. Anders ausgedrückt ist der extreme Egoist nicht unbedingt auch extrem narzißtisch; Selbstsucht bedeutet nicht unbedingt Blindheit gegenüber der objektiven Wirklichkeit.

die für ihn sein Selbst ausmachen, Objekt seines Narzißmus sein. Jemand, dessen Selbst durch seinen Besitz repräsentiert wird, kann sehr wohl eine Bedrohung seiner Ehre und Würde hinnehmen, aber eine Bedrohung seines Besitzes wäre für ihn gleichbedeutend mit einer Bedrohung seines Lebens. Für jemand, dessen Selbst durch seine Intelligenz repräsentiert wird, ist es so peinlich, etwas Dummes gesagt zu haben, daß er darüber in eine tiefe depressive Stimmung verfallen kann. Je intensiver der Narzißmus jedoch ist, um so weniger wird der Narzißtische zugeben, daß der Fehler auf seiner Seite lag, um so weniger wird er die berechtigte Kritik anderer akzeptieren. Er wird über das schändliche Verhalten des anderen außer sich geraten oder glauben, der andere habe zu wenig Einfühlungsvermögen oder sei zu ungebildet, um etwas richtig beurteilen zu können. (In diesem Zusammenhang fällt mir ein sehr geistreicher, aber höchst narzißtischer Mann ein, dem das Ergebnis eines Rorschachtests vorgelegt wurde, welches nicht dem Idealbild entsprach, das er sich von sich selber machte, und der dazu meinte: »Mir tut der Psychologe leid, der diesen Test mit mir gemacht hat; er muß völlig verrückt sein.«)

Es bleibt ein Punkt zu erwähnen, der das Phänomen des Narzißmus noch weiter kompliziert. Genauso wie ein narzißtischer Mensch sein »Selbstbild« zum Gegenstand seiner narzißtischen Zuneigung gemacht hat, macht er es auch mit allem, was mit seiner Person zusammenhängt. *Seine* Ideen, *sein* Wissen, *sein* Haus, aber auch die Menschen in seiner »Interessensphäre« werden zum Objekt seiner narzißtischen Zuneigung. Wie Freud gezeigt hat, ist das häufigste Beispiel vermutlich die narzißtische Zuneigung zu den eigenen Kindern. Viele Eltern glauben, ihre eigenen Kinder seien schöner und intelligenter usw. als die anderer Leute. Je kleiner die Kinder sind, um so intensiver scheint dieses narzißtische Vorurteil zu sein. Die Elternliebe und ganz besonders die Liebe der Mutter zum Kleinkind ist in beträchtlichem Ausmaß eine Liebe zum Kind als Ausweitung des eigenen Selbst. Auch bei Erwachsenen hat die Liebe zwischen Mann und Frau oft narzißtische Züge. Ein in eine Frau verliebter Mann kann seinen Narzißmus auf sie übertragen, nachdem sie »die Seine« geworden ist. Er bewundert und verehrt sie oft aufgrund von Eigenschaften, die er auf sie übertragen hat. Nur weil sie ein Teil seiner selbst geworden ist, wird sie zum Träger außergewöhnlicher Eigenschaften. Ein solcher Mensch wird oft auch der Ansicht sein, daß alles, was er besitzt, ungemein herrlich ist, und wird in diesen Besitz geradezu »verliebt« sein.

Der Narzißmus ist eine Leidenschaft von einer Intensität, die bei vielen Menschen nur mit dem Geschlechts- und Selbsterhaltungstrieb zu vergleichen ist. Häufig erweist sie sich sogar als stärker als diese beiden Triebe. Selbst beim Durchschnittsmenschen, bei dem der Narzißmus eine solche Intensität nicht erreicht, bleibt noch ein narzißtischer Kern bestehen, der fast unzerstörbar zu sein scheint. Wenn dies zutrifft, könnten wir vermuten, daß die narzißtische Leidenschaft genau wie der Geschlechts- und Selbsterhaltungstrieb ebenfalls eine wichtige *biologische Funktion* hat. Sobald man diese Frage stellt, ergibt sich auch schon die Antwort. Wie könnte der einzelne Mensch überleben, wenn seine körperlichen Bedürfnisse, seine Interessen, seine Wünsche nicht mit einer starken Energie geladen wären? Biologisch, vom Gesichtspunkt des Überlebens aus muß der Mensch sich selbst weit wichtiger nehmen als irgend jemand sonst. Täte er dies nicht, woher nähme er dann die Energie und den Willen, sich gegen andere zur Wehr zu setzen, für seinen Unterhalt zu arbeiten, um sein Leben zu kämpfen und sich gegen seine Umwelt durchzusetzen. Ohne Narzißmus wäre er vielleicht ein Heiliger – aber haben Heilige tatsächlich eine hohe Überlebenschance? Was vom religiös-spirituellen Standpunkt aus höchst wünschenswert wäre – daß es keinen Narzißmus gäbe – wäre vom weltlichen Standpunkt der Erhaltung des Lebens aus höchst gefährlich. Teleologisch gesehen heißt das, daß die Natur den Menschen mit seinem erheblichen Maß an Narzißmus ausstatten mußte, um ihm die Möglichkeit zu geben zu überleben. Das gilt um so mehr, weil die Natur den Menschen nicht wie das Tier mit gut entwickelten Instinkten begabt hat. Das Tier hat insofern keine »Probleme« in bezug auf das Überleben, weil angeborene Instinkte dafür sorgen, daß es sich nicht erst zu überlegen und eine Entscheidung zu treffen braucht, ob es seine Kräfte dafür einsetzen will oder nicht. Beim Menschen hat der Funktionsapparat der Instinkte seine Wirksamkeit größtenteils eingebüßt, weshalb der Narzißmus eine sehr notwendige biologische Funktion übernimmt.

Wenn wir jedoch einräumen, daß der Narzißmus eine wichtige biologische Funktion erfüllt, sehen wir uns mit einer neuen Frage konfrontiert.

Hat nicht der extreme Narzißmus die Funktion, den Menschen gegenüber seinen Mitmenschen gleichgültig zu machen und ihn außerstande zu setzen, die eigenen Bedürfnisse zurückzustellen, obgleich dies für die Zusammenarbeit mit anderen nötig wäre? Macht der Narzißmus den Menschen nicht asozial und im Extremfall tatsächlich geisteskrank? Ganz ohne Zweifel wäre ein extremer individueller Narzißmus ein schweres Hindernis für jedes soziale Leben. Träfe dies jedoch zu, dann müßte der Narzißmus mit dem Prinzip der Lebenserhaltung *in Konflikt* stehen, kann doch der einzelne nur überleben, wenn er sich in Gruppen organisiert; kaum jemand wäre in der Lage, sich ganz allein gegen die Gefahren der Natur zu schützen; auch könnte er Arbeiten vieler Art nicht verrichten, die nur in Gruppen ausgeführt werden können.

So kommen wir zu dem paradoxen Ergebnis, daß der Narzißmus für die Erhaltung des Lebens notwendig und gleichzeitig eine Bedrohung für die Erhaltung des Lebens ist. Zweierlei bietet sich als Lösung für dieses Paradoxon an. Einmal dient ein *optimaler* und nicht ein *maximaler* Narzißmus dem Überleben; das heißt, das biologisch notwendige Maß des Narzißmus ist nur so groß, daß es mit sozialer Zusammenarbeit noch vereinbar ist. Die andere Lösung lautet, daß der individuelle Narzißmus in Gruppen-Narzißmus umgewandelt wird, daß die Sippe, die Nation, die Religion, die Rasse oder dergleichen anstelle des Individuums zu Objekten der narzißtischen Leidenschaft werden. So bleibt die narzißtische Energie erhalten, wird jedoch im Interesse der Erhaltung der Gruppe anstatt zur Lebenserhaltung des einzelnen eingesetzt. Aber bevor ich auf das Problem des gesellschaftlichen Narzißmus und seiner soziologischen Funktion eingehe, möchte ich noch auf die *Pathologie des Narzißmus* zu sprechen kommen.

Die gefährlichste Folge des narzißtischen Gebundenseins ist der Verlust des rationalen Urteils. Der Gegenstand des narzißtischen Interesses wird als wertvoll (gut, schön, klug usw.) angesehen, und dies nicht aufgrund eines objektiven Werturteils, sondern weil es sich um meine Person handelt oder weil er mir gehört. Das narzißtische Werturteil ist ein Vorurteil, es ist nicht objektiv. Gewöhnlich wird ein solches Vorurteil auf die eine oder andere Weise rationalisiert, und eine solche Rationalisierung kann je nach der Intelligenz und Raffinesse des Betreffenden mehr oder weniger täuschen. Beim Narzißmus eines Trinkers ist diese

Verzerrung meist leicht erkennbar. Wir haben da einen Menschen vor uns, der oberflächlich und banal daherredet, und dabei eine Miene aufsetzt und in einem Tonfall redet, als ob er die wunderbarsten und interessantesten Dinge sagte. Subjektiv hat er das euphorische Gefühl, allen ungeheuer überlegen zu sein, in Wirklichkeit befindet er sich in einem Zustand der Selbstaufblähung. All das besagt noch nicht, daß ein hochgradig narzißtischer Mensch unbedingt nur langweiliges Zeug reden müßte. Wenn er begabt und intelligent ist, wird er auch interessante Gedanken vorbringen, und sein Urteil wird auch nicht ganz falsch sein, wenn er diese Gedanken selbst für wertvoll hält. Aber der Narzißtische neigt dazu, seine eigenen Erzeugnisse auf jeden Fall hoch einzuschätzen, wobei deren wirkliche Qualität nicht entscheidend ist. (Beim »negativen Narzißmus« ist das Gegenteil der Fall. Ein solcher Mensch unterschätzt alles, was von ihm kommt, und sein Urteil ist deshalb genausowenig objektiv.) Wäre sich der Betreffende bewußt, wie verzerrt seine narzißtische Beurteilung ist, so wären die Folgen halb so schlimm. Er könnte und würde sich dann über seine narzißtische Entstellung der Tatsachen selbst lustig machen. Aber so etwas kommt nur selten vor. Gewöhnlich ist ein solcher Mensch überzeugt, daß er keineswegs voreingenommen ist und daß sein Urteil objektiv ist und den Tatsachen entspricht. Dies führt zu einer schweren Beeinträchtigung seines Denk- und Urteilsvermögens, da dieses immer wieder aufs neue getrübt wird, sobald er es mit sich selbst zu tun hat oder mit dem, was ihm gehört. Entsprechend verzerrt sich das Urteil des Narzißten auch in bezug auf Dinge, die nicht ihn selbst oder sein Eigentum betreffen. Die Außenwelt (das Nicht-Ich) ist minderwertig, gefährlich und unmoralisch. So gelangt der narzißtische Mensch schließlich zu einer enormen Verzerrung der Dinge. Er selbst und alles, was ihm gehört, wird überschätzt. Alles außerhalb seiner selbst wird unterschätzt. Wie sehr eine solche Haltung das Urteilsvermögen und die Objektivität beeinträchtigt, liegt auf der Hand.

Ein noch weit pathologischeres Element im Narzißmus ist die emotionale Reaktion auf eine Kritik an irgendeiner narzißtisch besetzten Stelle. Normalerweise braust man nicht auf, wenn etwas, das man getan oder gesagt hat, kritisiert wird, vorausgesetzt, die Kritik ist fair und erfolgt nicht in feindlicher Absicht. Dagegen reagiert ein narzißtischer Mensch höchst erzürnt auf jede Kritik, die an ihm geübt wird. Er neigt dazu, diese

Kritik als eine feindselige Attacke aufzufassen, da er es sich ja eben aufgrund seines Narzißmus nicht vorstellen kann, daß sie berechtigt sein könnte. Die Intensität seines Ärgers läßt sich nur ganz verstehen, wenn man bedenkt, daß der Narzißtische ja ohne Beziehung zur Welt und daher allein ist und Angst hat. Dieses Gefühl der Einsamkeit und Angst kompensiert er mit seiner narzißtischen Selbstaufblähung. Wenn *er* die Welt *ist,* so gibt es keine Außenwelt, die ihm Angst einflößen kann; wenn er alles ist, so ist er nicht allein. Daher fühlt er sich in seiner ganzen Existenz bedroht, wenn sein Narzißmus verwundet wird. Wenn sein einziger Schutz gegen seine Angst – seine Selbstaufblähung – bedroht wird, taucht die Angst wieder auf und versetzt ihn in intensive Wut. Diese Wut ist um so intensiver, weil es für ihn keine Möglichkeit gibt, die Bedrohung durch geeignete Gegenmaßnahmen zu verringern; nur die Vernichtung des Kritikers – oder die eigene Vernichtung – kann einen solchen Menschen vor dem Verlust seiner narzißtischen Sicherheit bewahren.

Es gibt noch eine Alternative zur explosiven Wut als Antwort auf den verwundeten Narzißmus, nämlich die *Depression.* Der narzißtische Mensch gewinnt sein Identitätsgefühl durch Aufblähung. Die Außenwelt ist für ihn kein Problem, sie überwältigt ihn nicht mit ihrer Macht, weil es ihm gelungen ist, selbst die Welt zu sein, indem er das Gefühl gewonnen hat, allwissend und allmächtig zu sein. Wenn sein Narzißmus verwundet wird und wenn er es sich aus gewissen Gründen, wie zum Beispiel aufgrund der subjektiven oder objektiven Schwäche seiner Position gegenüber seinem Kritiker, einen Wutausbruch nicht leisten kann, wird er depressiv. Er hat keine Beziehung zur Welt und ist nicht an ihr interessiert; er ist nichts und niemand, da er sein Selbst nicht als Mittelpunkt seiner Bezogenheit zur Welt entwickelt hat. Wird sein Narzißmus so schwer verwundet, daß er ihn nicht länger aufrechterhalten kann, so bricht sein Ich zusammen, und seine subjektive Reaktion auf diesen Zusammenbruch ist das Gefühl der Depression. Das Element der Trauer in der Melancholie bezieht sich meiner Ansicht nach auf das narzißtische Image des wunderbaren »Ich«, das gestorben ist und um das der Depressive trauert.

Gerade weil ein zur Depression neigender Mensch die aus einer Verwundung seines Narzißmus resultierende Depression fürchtet, versucht

er so verzweifelt, solche Verwundungen zu vermeiden. Es gibt dazu verschiedene Möglichkeiten. Eine besteht darin, den Narzißmus noch weiter zu verstärken, so daß keine Kritik von außen und kein Versagen die narzißtische Position wirklich erschüttern kann. Mit anderen Worten wird die Intensität des Narzißmus verstärkt, um die Bedrohung abzuwehren. Natürlich bedeutet das, daß der Narzißtische sich dadurch von der drohenden Depression zu heilen versucht, daß er geistig nur um so schwerer erkrankt und schließlich sogar in eine Psychose hineingerät.
Es gibt jedoch für den in seinem Narzißmus Bedrohten noch eine andere Lösung, die für ihn persönlich befriedigender, für die anderen aber um so gefährlicher ist. Diese Lösung besteht in dem Versuch, die Wirklichkeit so umzuformen, daß sie bis zu einem gewissen Grad zu seinem narzißtischen Selbstbild paßt. Ein Beispiel hierfür wäre etwa der narzißtische Erfinder, der glaubt, ein Perpetuum mobile erfunden zu haben und dabei irgendeine kleine Erfindung von untergeordneter Bedeutung gemacht hat. Folgenschwerer ist die Lösung, die darin besteht, daß der Betreffende die Zustimmung einer anderen Person oder möglichst die Zustimmung von Millionen zu gewinnen versucht. Im ersteren Fall handelt es sich um eine *folie à deux* (sie liegt manchen Heiraten und Freundschaften zugrunde), letztere bezieht sich auf Personen des öffentlichen Lebens, die dem Ausbruch ihrer potentiellen Psychose dadurch zuvorkommen, daß sie sich den Beifall und die Zustimmung von Millionen sichern. Das bekannteste Beispiel für letzteren Fall ist Hitler. Hier haben wir einen extrem narzißtischen Menschen, der wahrscheinlich an einer manifesten Psychose erkrankt wäre, wenn es ihm nicht gelungen wäre, Millionen von Menschen zu veranlassen, an das Bild, das er sich von sich selbst zurechtgemacht hatte, zu glauben und seine hochtrabenden Phantasien vom Tausendjährigen Reich ernst zu nehmen, und wenn er es nicht fertiggebracht hätte, sogar die Wirklichkeit so umzuformen, daß seine Anhänger den Beweis zu haben glaubten, er habe recht. (Nachdem er gescheitert war, mußte er Selbstmord begehen, da der Zusammenbruch seines narzißtischen Selbstbildes für ihn völlig unerträglich gewesen wäre.)
Es gibt in der Geschichte noch mehr Beispiele von größenwahnsinnigen Führern, die ihren Narzißmus damit »kurierten«, daß sie die Welt so umformten, daß sie zu ihnen paßte; solche Menschen müssen auch alle

ihre Kritiker zu vernichten suchen, da die Stimme der Vernunft eine unerträgliche Bedrohung für sie darstellt. Von Caligula bis Nero, von Stalin bis Hitler sehen wir, daß ihr Bedürfnis, Menschen zu finden, die an sie glauben, die Wirklichkeit umzuformen, so daß sie zu ihrem Narzißmus paßt, und alle ihre Kritiker zu vernichten, eben darum so intensiv und verzweifelt ist, weil sie den Versuch darstellt, dem Ausbruch des Wahnsinns zuvorzukommen. Paradoxerweise trägt das Element des Wahnsinns bei solchen Führern auch zu ihrem Erfolg bei. Es verleiht ihnen jenes Maß an Sicherheit und Skrupellosigkeit, das dem Durchschnittsmenschen so imponiert. Natürlich erfordert dieses Bedürfnis, die Welt zu verändern und andere für seine Ideen und Wahnvorstellungen zu gewinnen, auch Talente und Gaben, die dem psychotischen und dem nicht-psychotischen Durchschnittsmenschen fehlen.

In der Pathologie des Narzißmus ist zwischen zwei seiner Formen – der *gutartigen* und der *bösartigen* – zu unterscheiden. Bei der gutartigen Form ist das Objekt des Narzißmus das Ergebnis der eigenen Bemühungen. So kann jemand beispielsweise von einem narzißtischen Stolz auf seine Arbeiten als Tischler, als Wissenschaftler oder als Landwirt erfüllt sein. Insofern der Gegenstand seines Narzißmus etwas ist, woran er arbeiten muß, findet sein ausschließliches Interesse in *seiner* Arbeit und *seiner* Leistung immer wieder ein Gegengewicht in seinem Interesse am Fortschritt der Arbeit selbst und an dem Material, mit dem er arbeitet. Auf diese Weise reguliert sich die Dynamik des gutartigen Narzißmus von selbst. Die Energie, welche die Arbeit antreibt, ist großenteils ihrem Wesen nach narzißtisch, aber eben dadurch, daß die Arbeit selbst es notwendig macht, die Beziehung zur Realität aufrechtzuerhalten, wird der Narzißmus ständig reduziert und in Grenzen gehalten. Dieser Mechanismus könnte eine Erklärung dafür sein, weshalb wir so vielen narzißtischen Menschen begegnen, die gleichzeitig in hohem Maße kreativ sind.

Beim bösartigen Narzißmus ist der Gegenstand des Narzißmus nichts, was der Betreffende tut oder produziert, sondern etwas, was er *hat,* z.B. sein Körper, sein Aussehen, seine Gesundheit, sein Reichtum und so weiter. Diese Art von Narzißmus ist deshalb bösartig, weil ihm das korrektive Element abgeht, das wir in der gutartigen Form finden. Wenn ich »groß« bin, weil ich eine bestimmte Eigenschaft *habe* und nicht weil ich etwas *leiste,* ist es nicht nötig, daß ich mit irgend jemand oder irgend etwas in Beziehung stehe. Ich brauche mich überhaupt nicht anzustrengen. Während ich das Bild meiner Größe aufrechtzuerhalten suche, entferne ich mich mehr und mehr von der Realität und muß die narzißtische Ladung immer mehr verstärken, um mich besser vor der Gefahr zu schützen, daß mein narzißtisch aufgeblähtes Ich sich als Erzeugnis meiner leeren Einbildungen entpuppen könnte. Daher hält sich der bösartige Narzißmus nicht selbst in Grenzen und ist folglich grob solipsistisch und xenophobisch. Wer gelernt hat, etwas zu leisten, kann gar nicht umhin anzuerkennen, daß auch andere Ähnliches auf ähnliche Weise geleistet haben, selbst wenn ihn vielleicht sein Narzißmus überzeugt, daß seine eigene Leistung besser ist als die der anderen. Wer aber nichts geleistet hat, wird es schwer finden, die Leistungen anderer anzuerkennen, und er wird sich aus diesem Grund gezwungen sehen, sich immer mehr in seinem narzißtischen Glanz zu isolieren.

Bisher haben wir die Dynamik des individuellen Narzißmus, das Phänomen, seine biologische Funktion und seine Pathologie beschrieben. Diese Beschreibung sollte uns nun in die Lage versetzen, auch das Phänomen des *gesellschaftlichen Narzißmus* und die Rolle zu verstehen, die er als Quelle von Gewalttätigkeit und Krieg spielt.

Im Mittelpunkt der folgenden Diskussion steht das Phänomen der Umwandlung des persönlichen Narzißmus in einen Gruppen-Narzißmus. Unser Ausgangspunkt soll eine Beobachtung bezüglich der soziologischen Funktion des gesellschaftlichen Narzißmus sein, welche der biologischen Funktion des individuellen Narzißmus parallel läuft. Vom Standpunkt einer jeden organisierten Gruppe, die fortbestehen möchte, ist es wichtig, daß die Gruppe von ihren Mitgliedern mit narzißtischer Energie versorgt wird. Der Fortbestand einer Gruppe hängt bis zu einem gewissen Grad davon ab, daß ihre Mitglieder sie ebenso wichtig oder sogar noch wichtiger nehmen als ihr eigenes Leben, und daß sie außerdem an die Rechtschaffenheit wenn nicht gar Überlegenheit im Vergleich zu anderen glauben. Ohne diese narzißtische Besetzung der Gruppe wäre kaum die für den Dienst an der Gruppe notwendige Energie vorhanden, vor allem dann nicht, wenn es Opfer zu bringen gilt.

In der Dynamik des Gruppen-Narzißmus treffen wir auf ähnliche Phänomene, wie die, denen wir bereits im Zusammenhang mit dem individuellen Narzißmus begegnet sind. Auch hier können wir zwischen gutartigen und bösartigen Formen unterscheiden. Wenn der Gegensatz des Gruppen-Narzißmus eine Leistung ist, dann spielt sich derselbe dialektische Prozeß ab, den wir bereits diskutiert haben. Das Bedürfnis, eine schöpferische Leistung zu vollbringen, macht es unumgänglich, den engen Kreis des Gruppen-Solipsismus zu verlassen und sich für das erstrebte Ziel zu interessieren. (Wenn es sich bei der von der Gruppe angestrebten Leistung um eine Eroberung handelt, wird es natürlich kaum zu der wohltätigen Wirkung einer echten produktiven Bemühung kommen.) Wenn das Objekt des Gruppen-Narzißmus andererseits die Gruppe in ihrer gegebenen Form ist, wenn es nur um ihren Glanz und Ruhm, ihre früheren Leistungen oder um die körperliche Verfassung ihrer Mitglieder geht, werden sich die oben angegebenen Gegentendenzen nicht entwickeln, und die narzißtische Orientierung und die sich aus ihr ergebenden Gefahren werden ständig wachsen. In der Realität sind natürlich beide Elemente oft miteinander verquickt.

Eine weitere soziologische Funktion des Gruppen-Narzißmus bleibt noch zu erwähnen. Eine Gesellschaft, die nicht die Mittel besitzt, für die meisten ihrer Mitglieder oder doch für einen großen Teil derselben ausreichend zu sorgen, muß diesen Menschen zu einer narzißtischen Befriedigung von der bösartigen Art verhelfen, wenn sie keine Unzufriedenheit bei ihnen aufkommen lassen will. Für die wirtschaftlich und kulturell Armen ist der narzißtische Stolz, der Gruppe anzugehören, die einzige – und oft sehr wirkungsvolle – Quelle der Befriedigung. Gerade weil das Leben nicht »interessant« für sie ist und weil es ihnen keine Möglichkeit bietet, Interessen zu entwickeln, kann sich bei ihnen eine extreme Form des Narzißmus entwickeln. Ein gutes Beispiel für diese Erscheinung in neuerer Zeit ist der Rassen-Narzißmus, wie er im Dritten Reich zu finden war und wie er heute in den Südstaaten der USA anzutreffen ist. In beiden Fällen war und ist das Kleinbürgertum der Brutherd für das Gefühl, einer überlegenen Rasse anzugehören. Diese rückständige, in Deutschland wie in den Südstaaten wirtschaftlich und kulturell benachteiligte Klasse ohne begründete Hoffnung auf eine Änderung ihrer Situation (weil sie der Überrest einer früheren, absterbenden Form der Gesellschaft ist) kennt nur eine Befriedigung: das aufgeblähte Bild ihrer selbst als der wunderbarsten Gruppe der Welt, die sich einer anderen rassischen Gruppe, welche als minderwertig hingestellt wird, überlegen fühlt. Ein Mitglied einer solchen rückständigen Gruppe hat das Gefühl: »Wenn ich auch arm und ungebildet bin, bin ich doch jemand Wichtiges, weil ich zur wunderbarsten Gruppe der Welt gehöre – ich bin ein Weißer« oder: »ich bin ein Arier.«

Der gesellschaftliche Narzißmus ist weniger leicht zu erkennen als der individuelle Narzißmus. Angenommen, jemand sagt zu anderen Leuten: »Ich (und meine Familie), wir sind die fabelhaftesten Leute der Welt; wir allein sind reinlich, intelligent, gut und anständig; alle anderen sind schmutzig, dumm, unehrlich und verantwortungslos«, dann würden ihn die meisten für ungehobelt, unausgeglichen oder gar verrückt halten. Wenn dagegen ein fanatischer Redner in einer Massenversammlung auftritt und an die Stelle von »ich« und »meine Familie« Worte wie Volk (oder Rasse, Religion, politische Partei usw.) setzt, dann werden ihn viele wegen seiner Vaterlandsliebe, seiner Gottesfurcht usw. rühmen und bewundern. Angehörige anderer Völker und Religionen werden ihm dagegen eine solche Rede übelnehmen aus dem einfachen Grund, weil sie darin ganz offensichtlich schlecht wegkommen. *Innerhalb* der über die anderen erhobenen Gruppe jedoch fühlt sich ein jeder in seinem persönlichen Narzißmus geschmeichelt, und da Millionen den Behauptungen zustimmen, scheinen sie ihnen vernünftig. (»Vernünftig« ist in den Augen der meisten Menschen das, worüber sich die meisten Menschen einig sind; »vernünftig« hat für die meisten nichts mit Vernunft zu tun, sondern nur mit Übereinstimmung.) Insofern die Gruppe als Ganzes den gesellschaftlichen Narzißmus für ihren Fortbestand unbedingt braucht, fördert und unterstützt sie narzißtische Einstellungen und qualifiziert sie als besonders tugendhaft.

Die Gruppe, auf die sich dieser Narzißmus bezieht, hat sich nach Struktur und Umfang im Laufe der Geschichte gewandelt. Bei primitiven Stämmen oder Sippen kann es sich nur um ein paar hundert Mitglieder handeln; hier ist der einzelne noch kein »Individuum«, sondern er ist mit seiner blutsverwandten Gruppe noch durch »primäre Bindungen« vereint (vgl. hierzu E. Fromm, 1941a), die noch nicht zerrissen sind. Das narzißtische Engagement in bezug auf die Sippe wird daher eben dadurch verstärkt, daß ihre Mitglieder noch keine emotionale Existenz außerhalb der Sippe besitzen.

Im Laufe der Entwicklung der menschlichen Rasse stoßen wir auf einen ständig wachsenden Sozialisationsbereich; die ursprünglich kleine, auf Blutsverwandtschaft gegründete Gruppe macht immer größeren Gruppen Platz, die sich etwa auf eine gemeinsame Sprache, eine gemeinsame Gesellschaftsordnung oder einen gemeinsamen Glauben gründen. Der größere Umfang der Gruppe bedeutet nicht notwendigerweise eine Verringerung der pathologischen Eigenschaften des Narzißmus. Wie bereits erwähnt, ist der Gruppen-Narzißmus der »Weißen« oder der »Arier« ebenso bösartig, wie es der extreme Narzißmus eines einzelnen sein kann. Im allgemeinen finden wir jedoch die Tendenz, daß in dem zur Bildung größerer Gruppen führenden Sozialisationsprozeß das Bedürfnis nach Zusammenarbeit mit vielen anderen, auch andersartigen Menschen, die nicht durch Blutsbande miteinander verbunden sind, der narzißtischen Ladung innerhalb der Gruppe entgegenwirkt. Das gleiche gilt auch noch in anderer Hinsicht, worauf wir im Zusammenhang mit dem gutartigen individuellen Narzißmus bereits zu sprechen kamen: Es besteht die Tendenz, daß im gleichen Maß, wie die große Gruppe (Nation, Staat oder Religionsgemeinschaft) ihren Stolz dareinsetzt, etwas Wertvolles auf materiellem, intellektuellem oder künstlerischem Gebiet zu produzieren, durch diesen Arbeitsprozeß die narzißtische Ladung reduziert wird. Die Geschichte der römisch-katholischen Kirche ist eines der vielen Beispiele für die eigentümliche Mischung aus Narzißmus und den diesem entgegenwirkenden Kräften innerhalb einer großen Gruppe. Zu den dem Narzißmus innerhalb der römisch-katholischen Kirche entgegenwirkenden Elementen gehört vor allem die Vorstellung von der Universalität und der einen »katholischen« Religion, die nicht länger die Religion eines besonderen Stammes oder eines speziellen Volkes ist. Zweitens gehört dazu die Idee von der persönlichen Demut, die sich aus der Idee des einen Gottes und der Ablehnung von Götzen ergibt. Die Existenz des einen Gottes impliziert, daß kein Mensch Gott sein kann, daß kein menschliches Wesen allwissend oder allmächtig sein kann. Damit ist der narzißtischen Selbstvergötzung des Menschen eine klare Grenze gesetzt. Gleichzeitig jedoch hat die Kirche einem intensiven Narzißmus Vorschub geleistet. Durch den Glauben, daß sie der einzige Weg zur Erlösung und der Papst der Stellvertreter Christi ist, konnten ihre Angehörigen als Mitglieder einer so außergewöhnlichen Institution einen intensiven Narzißmus entwickeln. Das gleiche trat in ihrem Verhältnis zu Gott ein; während die Allwissenheit und Allmacht Gottes den Menschen doch eigentlich hätte demütig machen sollen, identifizierte er sich oft mit Gott und entwickelte in diesem Identifikationsprozeß einen besonders hochgradigen Narzißmus.

Die gleiche Zweideutigkeit von narzißtischen und anti-narzißtischen Tendenzen können wir auch in allen anderen großen Religionen, wie dem Buddhismus, dem Judentum, dem Islam und dem Protestantismus, beobachten. Ich erwähne speziell den Katholizismus, nicht nur weil er ein wohlbekanntes Beispiel darstellt, sondern vor allem auch, weil er in ein und derselben geschichtlichen Periode, dem fünfzehnten und sechzehnten Jahrhundert, gleichzeitig den Nährboden für den Humanismus wie auch für einen gewalttätigen und fanatischen religiösen Narzißmus bildete. Die Humanisten innerhalb und außerhalb der Kirche sprachen im Namen eines Humanismus als dem Urquell des Christentums. Nikolaus Cusanus hat religiöse Toleranz allen Menschen gegenüber gepredigt *(De pace fidei)*; Marsilius Ficinus hat gelehrt, daß die Liebe die grundlegende Kraft der gesamten Schöpfung sei *(De amore)*; Erasmus von Rotterdam hat gegenseitige Toleranz und eine Demokratisierung der Kirche gefordert; Thomas Morus, der Nonkonformist, hat den Grundsatz des Universalismus und der menschlichen Solidarität verfochten und ist dafür gestorben; Guillaume Postel, der auf dem von Nikolaus Cusanus und Erasmus gelegten Fundament aufbaute, hat vom globalen Frieden und der Einheit der Welt gesprochen *(De orbis terrae concordia)*; Siculus fand in Anschluß an Pico della Mirandola begeisterte Worte für die Würde des Menschen, für seine Vernunft und Tugend und seine Fähigkeit zur Selbstvervollkommnung. Diese Männer haben zusammen mit vielen anderen, die dem Boden des christlichen Humanismus entstammten, im Namen der Universalität, der Brüderlichkeit, der Würde und der Vernunft gesprochen. Sie haben gekämpft für Toleranz und Frieden. (Vgl. hierzu F. Heer, 1960.)

Gegen sie standen auf beiden Seiten – auf der Seite Luthers wie auf der der katholischen Kirche – die Kräfte des Fanatismus. Die Humanisten versuchten die Katastrophe abzuwenden; schließlich trugen die Fanatiker auf beiden Seiten den Sieg davon. Religiöse Verfolgungen und Kriege, die ihren Höhepunkt in dem verheerenden Dreißigjährigen

Krieg fanden, versetzten der humanistischen Entwicklung einen Schlag, von dem sich Europa noch immer nicht erholt hat. (Unwillkürlich fällt einem dabei der Stalinismus ein, der dreihundert Jahre später den sozialistischen Humanismus zerstört hat.) Blickt man zurück auf den religiösen Haß des sechzehnten und siebzehnten Jahrhunderts, so ist sein Widersinn unverkennbar. Beide Seiten sprachen im Namen Gottes, im Namen Christi und der Liebe und unterschieden sich nur in Einzelpunkten, die im Vergleich zu den allgemeinen Glaubensgrundsätzen von untergeordneter Bedeutung waren. Trotzdem haßten sie sich, und jede Seite war leidenschaftlich davon überzeugt, daß die Humanität an den Grenzen ihres eigenen religiösen Glaubens endete. Dieser Überschätzung der eigenen Einstellung und dem Haß gegen alles, was davon abweicht, liegt nichts anderes zugrunde als Narzißmus. »Wir« sind bewundernswürdig; »sie« sind verachtenswert. »Wir« sind gut; »sie« sind böse. Eine jede Kritik an unserer eigenen Lehre ist ein tückischer Angriff, den man sich nicht gefallen lassen kann; die Kritik an der Gegenseite ist ein wohlgemeinter Versuch, den anderen zu helfen, zur Wahrheit zurückzukehren.

Seit der Renaissance haben die beiden großen gegensätzlichen Kräfte – der Gruppen-Narzißmus und der Humanismus – je eine eigene Entwicklung genommen. Leider hat der Gruppen-Narzißmus dabei den Humanismus weit hinter sich gelassen. Während es im ausgehenden Mittelalter und in der Renaissance noch möglich schien, daß in Europa der Boden für einen politischen und religiösen Humanismus bereitet sei, erfüllte sich dann diese Hoffnung nicht. Neue Formen des Gruppen-Narzißmus kamen auf und beherrschten die folgenden Jahrhunderte. Dieser Gruppen-Narzißmus nahm mannigfaltige Formen an, religiöse, nationale, rassische und politische. Aber ob sich Protestanten gegen Katholiken, Franzosen gegen Deutsche, Weiße gegen Schwarze, Arier gegen Nichtarier oder Kommunisten gegen Kapitalisten stellten: So verschieden diese Auseinandersetzungen ihrem Inhalt nach waren, psychologisch haben wir es immer mit dem gleichen narzißtischen Phänomen und dem daraus resultierenden Fanatismus und der sich daraus ergebenden Destruktivität zu tun.[4]

[4] Es gibt noch andere, harmlosere Formen des Gruppen-Narzißmus, die sich auf kleine Gruppen wie Logen, kleine religiöse Sekten, die »alte Schule« und dergleichen beziehen.

Während der Gruppen-Narzißmus zunahm, hat sich auch sein Gegenstück, der Humanismus weiterentwickelt. Im achtzehnten und neunzehnten Jahrhundert – von Spinoza, Leibniz, Rousseau, Herder und Kant bis hin zu Goethe und Marx – entwickelte sich der Gedanke, daß es nur eine Menschheit gibt, daß jeder einzelne die ganze Menschheit in sich trägt, daß es keine privilegierten Gruppen geben darf, die den Anspruch erheben, daß ihre Privilegien sich auf ihre naturgegebene Überlegenheit gründen. Der Erste Weltkrieg versetzte dem Humanismus einen schweren Schlag und führte mehr und mehr zu wahren Orgien des Gruppen-Narzißmus: zu nationaler Hysterie bei sämtlichen kriegführenden Ländern des Ersten Weltkriegs, zu Hitlers Rassismus, zu Stalins Parteivergötzung, zu religiösem Fanatismus bei den Moslems und Hindus und zum antikommunistischen Fanatismus im Westen. Diese mannigfaltigen Manifestationen des Gruppen-Narzißmus haben die Welt an den Abgrund der totalen Vernichtung geführt.

Als Reaktion auf diese Bedrohung der Menschheit ist heute in allen Ländern und bei Vertretern unterschiedlicher Ideologien eine Renaissance des Humanismus zu beobachten; es gibt radikale Humanisten unter katholischen wie protestantischen Theologen, unter sozialistischen wie auch unter nicht-sozialistischen Philosophen. Ob die Gefahr totaler Vernichtung, die Ideen der Neohumanisten und die engere Verbindung aller Menschen dank der neuen Kommunikationsmittel genügen werden, um den Auswirkungen des Gruppen-Narzißmus Einhalt zu gebieten, ist eine Frage, die über das Schicksal der Menschheit entscheiden könnte.

Die wachsende Intensität des Gruppen-Narzißmus – wobei lediglich eine Verschiebung vom religiösen zum nationalen, rassischen und Partei-Narzißmus stattgefunden hat – ist in der Tat eine erstaunliche Erscheinung, erstaunlich einmal, wenn man die Entwicklung der humanistischen Kräfte seit der Renaissance bedenkt, und erstaunlich auch wegen der Entfaltung des wissenschaftlichen Denkens, das ja den Narzißmus unterminieren sollte. Die wissenschaftliche Methode erfordert ja

Der Grad des Narzißmus kann zwar in solchen Fällen nicht geringer sein als bei den größeren Gruppen, doch ist er einfach deshalb weniger gefährlich, weil diese Gruppen nur wenig Macht besitzen und daher auch kaum Schaden anrichten können.

Objektivität und Realismus, sie erfordert, daß man die Welt so sieht, wie sie ist, und nicht verzerrt durch die eigenen Wünsche und Ängste. Sie erfordert eine demütige Einstellung gegenüber den Tatsachen der Wirklichkeit und den Verzicht auf alle Hoffnungen auf Allmacht und Allwissenheit. Das Bedürfnis nach kritischem Denken, nach Experiment und Beweis – eine grundsätzliche skeptische Einstellung – das sind die Merkmale wissenschaftlichen Bemühens, und eben diese Denkmethoden wirken einer narzißtischen Orientierung entgegen. Zweifellos hat die Methode wissenschaftlichen Denkens mit zur Entwicklung des modernen Neohumanismus beigetragen, und es ist kein Zufall, daß die meisten hervorragenden Naturwissenschaftler heute Humanisten sind. Aber die überwiegende Mehrzahl der Menschen im Westen hat zwar die wissenschaftliche Methode in der Schule oder auf der Universität »gelernt«, ist aber von der Methode wissenschaftlichen, kritischen Denkens nie wirklich berührt worden. Sogar die meisten professionellen Naturwissenschaftler sind *Techniker* geblieben und haben sich keine *wissenschaftliche Einstellung* angeeignet, und für die überwiegende Mehrheit der Bevölkerung besitzt die wissenschaftliche Methode, die man ihnen beigebracht hat, eine noch viel geringere Bedeutung. Wenn man auch sagen kann, daß die höhere Bildung den persönlichen Narzißmus und den Gruppen-Narzißmus bis zu einem gewissen Grad gemildert und modifiziert hat, so hat sie doch die meisten »Gebildeten« nicht daran gehindert, sich begeistert den nationalen, rassischen und politischen Bewegungen anzuschließen, in denen der gesellschaftliche Narzißmus unserer Tage zum Ausdruck kommt.

Es sieht ganz im Gegenteil so aus, als habe die Naturwissenschaft ein neues Objekt für den Narzißmus erzeugt – *die Technik.* Der narzißtische Stolz des Menschen, Schöpfer einer Welt von Dingen zu sein, von denen er sich früher nicht hätte träumen lassen, Erfinder von Rundfunk, Fernsehen, Atomkraft, Raumfahrt, ja sogar der potentielle Zerstörer des ganzen Erdballs zu sein, hat ihm ein neues Objekt für seine narzißtische Selbstaufblähung beschert. Wenn man dieses ganze Problem der Entwicklung des Narzißmus in der modernen Geschichte untersucht, fällt einem unwillkürlich Freuds Feststellung ein, daß Kopernikus, Darwin und er selbst den Narzißmus des Menschen dadurch tief verwundet hätten, daß sie seinen Glauben an seine einzigartige Rolle im Universum untergraben und ihm die Überzeugung genommen hätten, eine elementare und nicht mehr reduzierbare Realität zu sein. Aber wenn auch der menschliche Narzißmus auf diese Weise verwundet worden ist, so ist er doch offensichtlich hierdurch nicht so stark reduziert worden, wie es den Anschein haben könnte. Der Mensch hat in der Weise reagiert, daß er seinen Narzißmus auf andere Objekte verlagerte: auf sein Volk, seine Rasse, seine politische Überzeugung und auf die Technik.

Was nun die *Pathologie des gesellschaftlichen Narzißmus* betrifft, so ist – genau wie beim individuellen Narzißmus – sein augenfälligstes und häufigstes Symptom ein Mangel an Objektivität und vernünftiger Urteilsfähigkeit. Wenn man die Beurteilung der Neger durch die weiße Bevölkerung oder die der Juden durch die Nazis überprüft, erkennt man ohne weiteres die Verzerrung dieser Urteile. Ein paar Körnchen Wahrheit werden zusammengefügt, aber es entsteht daraus ein Mosaik von Fälschungen und Lügen. Wenn sich politische Aktionen auf narzißtische Selbstverherrlichung gründen, so hat dieser Mangel an Objektivität oft verheerende Folgen. In der ersten Hälfte unseres Jahrhunderts haben wir die Folgen des nationalen Narzißmus an zwei hervorragenden Beispielen erlebt. Vor dem Ersten Weltkrieg lautete die offizielle Doktrin der französischen Strategie viele Jahre lang, die französische Armee brauche weder eine starke schwere Artillerie noch eine große Zahl von Maschinengewehren; der französische Soldat besitze die französischen Tugenden des Mutes und des Angriffsgeistes in so hohem Maß, daß er nur sein Bajonett benötige, um den Feind zu schlagen. Tatsache ist, daß Hunderttausende von französischen Soldaten von deutschen Maschinengewehren niedergemäht wurden, und daß lediglich strategische Fehler der Deutschen und später die Hilfe der Amerikaner Frankreich vor der Niederlage bewahrten. Im Zweiten Weltkrieg machte Deutschland einen ähnlichen Fehler. Hitler, der den Gruppen-Narzißmus von Millionen von Deutschen stimulierte, überschätzte die Stärke Deutschlands und unterschätzte nicht nur die Macht der Vereinigten Staaten, sondern auch den russischen Winter – wie das ja auch schon ein anderer narzißtischer Heerführer, nämlich Napoleon getan hatte. Trotz seiner Intelligenz war Hitler nicht in der Lage, *die Wirklichkeit objektiv zu sehen,* weil sein Wunsch zu siegen und zu herrschen für ihn mehr Gewicht besaß als die Realitäten von Waffen und Klima.

Der gesellschaftliche Narzißmus will genau wie der individuelle Narzißmus befriedigt werden. Einerseits verschafft man sich diese Befriedigung durch die gemeinsame Ideologie von der Überlegenheit der eigenen Gruppe und von der Minderwertigkeit aller anderen Gruppen. In religiösen Gruppen erlangt man diese Befriedigung ganz einfach durch die Annahme, daß die eigene Gruppe die einzige ist, die an den wahren Gott glaubt, und daß, weil der eigene Gott der einzig wahre ist, alle anderen Gruppen aus irregeleiteten Ungläubigen bestehen. Aber auch, ohne daß man Gott als Zeugen für die eigene Überlegenheit heranzieht, kann der gesellschaftliche Narzißmus auf weltlicher Ebene zu ähnlichen Schlußfolgerungen gelangen. Die narzißtische Überzeugung von der Überlegenheit der Weißen über die Neger, wie sie in gewissen Teilen der Vereinigten Staaten und in Südafrika herrscht, beweist, daß das Gefühl der eigenen Überlegenheit und der Minderwertigkeit einer anderen Gruppe keine Grenzen kennt. Zur vollen Befriedigung bedarf jedoch dieses narzißtische Selbstbild einer Gruppe einer gewissen Bestätigung durch die Realität. Solange die Weißen in Alabama oder in Südafrika über die Macht verfügen, ihre Überlegenheit über die Neger durch Akte sozialer, wirtschaftlicher und politischer Diskriminierung zu demonstrieren, wohnt ihren narzißtischen Überzeugungen noch ein gewisses realistisches Element inne, das ihr gesamtes narzißtisches Denksystem künstlich aufrechterhält. Das gleiche gilt für die Nazis. Bei ihnen mußte die physische Vernichtung aller Juden als Beweis für die Überlegenheit der Arier herhalten. (Für einen Sadisten ist die Tatsache, daß er einen Menschen umbringen kann, ein Beweis dafür, daß er als Mörder diesem überlegen ist.) Steht aber der narzißtisch aufgeblähten Gruppe keine Minderheit zur Verfügung, deren Hilflosigkeit groß genug ist, sie zu einem Objekt der narzißtischen Befriedigung zu machen, so führt der gesellschaftliche Narzißmus leicht zum Wunsch nach militärischen Eroberungen – ein Weg, den der Pan-Germanismus und der Pan-Slawinismus vor 1914 eingeschlagen haben. In beiden Fällen wurde den jeweiligen Nationen die Rolle des allen anderen überlegenen, auserwählten Volkes zugeteilt, was ihnen die Berechtigung gab, alle, die diese Überlegenheit nicht anerkannten, anzugreifen. Ich will damit nicht sagen, daß der Narzißmus der pan-germanischen und pan-slawischen Bewegung »die« Ursache für den Ersten Weltkrieg gewesen sei, doch war ihr Fanatismus ganz gewiß ein Faktor, der zum Ausbruch des Krieges beigetragen hat. Überdies ist nicht zu vergessen, daß – wenn der Krieg erst einmal ausgebrochen ist – die verschiedenen Regierungen sich bemühen, den nationalen Narzißmus als unumgängliche psychologische Vorbedingung für eine erfolgreiche Kriegsführung anzufachen.

Wird der Narzißmus einer Gruppe verletzt, so begegnen wir der gleichen Wutreaktion, wie wir sie bereits im Zusammenhang mit dem individuellen Narzißmus besprochen haben. Es gibt zahlreiche historische Beispiele, wo die Verunglimpfung von Symbolen des Gruppen-Narzißmus an Irrsinn grenzende Wutausbrüche hervorgerufen hat. Die Entweihung der Nationalflagge, die Lästerung des Gottes einer Gruppe oder die Beleidigung ihres Herrschers oder Führers oder auch der Verlust eines Krieges oder Territoriums haben schon oft bei der Masse des Volkes Rachegefühle erzeugt, die ihrerseits zu neuen Kriegen führten. Die dem Narzißmus zugefügte Wunde läßt sich nur heilen, wenn der Übeltäter vernichtet und damit die dem Narzißmus zugefügte Kränkung ungeschehen gemacht wird. Individuelle und nationale Rache beruht oft auf verletztem Narzißmus und dem Bedürfnis, die Wunde durch die Auslöschung des Übeltäters zu »heilen«.

Ein Element der narzißtischen Pathologie sei zum Schluß noch erwähnt. Eine stark narzißtisch eingestellte Gruppe möchte unbedingt einen Führer haben, mit dem sie sich identifizieren kann. Der Führer wird dann von der Gruppe, die ihren Narzißmus in ihn hineinprojiziert, bewundert. Im Akt der Unterwerfung unter den mächtigen Führer, wobei es sich im Grunde um einen Akt der Symbiose und der Identifikation handelt, überträgt der einzelne seinen Narzißmus auf den Führer. Je größer der Führer, um so größer der Gefolgsmann. Persönlichkeiten, die als Individuum besonders narzißtisch sind, sind für diese Funktion am besten qualifiziert. Der Narzißmus des von der eigenen Größe überzeugten Führers, dem Zweifel fremd sind, ist genau das, was den Narzißmus derer anzieht, die sich ihm unterordnen. Der halbwahnsinnige Führer ist oft der erfolgreichste, bis sein Mangel an Objektivität, seine Wutreaktionen bei jedem Rückschlag und das Bedürfnis, sein Image von Allmacht aufrechtzuerhalten, ihn zu Fehlern verleiten, die seinen Untergang herbeiführen. Aber es gibt immer talentierte Halb-Psychotiker, die bereit sind, die Bedürfnisse einer narzißtischen Masse zu befriedigen.

Wir haben bis jetzt das Phänomen des Narzißmus, seine Pathologie und seine biologische und soziologische Funktion diskutiert. Wir könnten dabei zu dem Ergebnis kommen, daß der Narzißmus, sofern er gutartig ist und eine gewisse Schwelle nicht überschreitet, eine notwendige und wertvolle Orientierung darstellt. Unser Bild ist jedoch unvollständig. Dem Menschen geht es nicht nur um seinen biologischen und sozialen Fortbestand, es geht ihm auch um *Werte,* um die Entwicklung dessen, was ihn erst zum Menschen macht.

Vom Standpunkt der Werte aus betrachtet zeigt es sich, daß der Narzißmus mit Vernunft und Liebe im Widerstreit steht. Dies braucht kaum näher erläutert zu werden. Ihrem ganzen Wesen nach hindert uns die narzißtische Orientierung in dem Maß, wie sie vorhanden ist, die Wirklichkeit so, wie sie ist, das heißt objektiv, zu sehen. Mit anderen Worten: Sie bedeutet eine Einschränkung des Vernunftvermögens. Vielleicht ist nicht ebenso leicht ersichtlich, daß sie auch die Liebe einschränkt – besonders wenn wir uns daran erinnern, daß Freud gesagt hat, daß die Liebe stets eine starke narzißtische Komponente enthält, daß ein Mann, der eine Frau liebt, diese zum Objekt seines eigenen Narzißmus macht, und daß sie deshalb so wunderbar und begehrenswert für ihn wird, weil sie ein Teil seiner selbst ist. Sie kann das gleiche mit ihm vornehmen, und wir haben dann den Fall der »großen Liebe«, bei der es sich häufig nur um eine *folie à deux* und nicht um Liebe handelt. Beide halten an ihrem Narzißmus fest, sie haben kein wirkliches, tiefes Interesse füreinander (geschweige denn für andere), sie bleiben empfindlich und argwöhnisch und werden sich höchstwahrscheinlich bald nach einem anderen Partner umsehen, der ihnen frische narzißtische Befriedigung bietet. Für einen narzißtischen Menschen ist der Partner nie eine selbständige Persönlichkeit in ihrer vollen Wirklichkeit; dieser Partner existiert nur als Schatten des aufgeblähten narzißtischen Ichs. Dagegen beruht die nichtpathologische Liebe nicht auf dem wechselseitigen Narzißmus. Sie ist eine Beziehung zwischen zwei Menschen, die sich als eigenständige Größen erleben und die sich trotzdem einander öffnen und eins werden können. Um die Liebe erleben zu können, muß man das Voneinandergetrenntsein erleben.

Welche Bedeutung das Phänomen des Narzißmus vom ethisch-geistigen Standpunkt aus besitzt, wird ganz klar, wenn man bedenkt, daß die wesentlichen Lehren aller großen humanistischen Religionen sich in dem einen Satz zusammenfassen lassen: *Ziel des Menschen ist es, seinen Narzißmus zu überwinden.* Nirgends vielleicht kommt dieser Grundsatz radikaler zum Ausdruck als im Buddhismus. Die Lehre Buddhas läuft darauf hinaus, daß der Mensch sich nur von seinem Leiden erlösen kann, wenn er aus seinen Illusionen erwacht und sich seiner Wirklichkeit bewußt wird, der Realität der Krankheit, des Alters und des Todes und der Unmöglichkeit, jemals die Ziele seiner Begierden zu erreichen. Der »erwachte« Mensch im Sinne des Buddhismus ist der Mensch, der seinen Narzißmus überwunden hat und daher fähig ist, ganz wach zu sein. Man könnte denselben Gedanken auch anders ausdrücken: Nur wenn der Mensch sich von der Illusion seines unzerstörbaren Ichs freimacht, nur wenn er sie zusammen mit allen anderen Objekten seiner Gier fallen lassen kann, nur dann kann er sich der Welt öffnen und ganz zu ihr in Beziehung treten. Psychologisch ist dieser Prozeß des völligen Wachwerdens identisch mit der Ablösung des Narzißmus durch die Bezogenheit auf die Welt.

In der jüdischen und der christlichen Überlieferung wird das gleiche Ziel in unterschiedlichen Worten zum Ausdruck gebracht, die ebenfalls auf die Überwindung des Narzißmus hinauslaufen. Im Alten Testament heißt es: »Liebe deinen Nächsten wie dich selbst« (Lev 19,18). Hier lautet das Gebot, seinen Narzißmus wenigstens soweit zu überwinden, daß uns unser Nachbar ebenso wichtig wird wie die eigene Person. Aber das Alte Testament geht noch viel weiter und verlangt, daß man den »Fremden« lieben soll. »Du sollst ihn lieben wie dich selbst; denn ihr seid selbst Fremde in Ägypten gewesen« (Lev 19,34). Der Fremde ist eben derjenige, der nicht zu meiner Sippe, zu meiner Familie, zu meinem Volk gehört; er ist nicht Teil der Gruppe, mit der ich narzißtisch verbunden bin. Er ist nichts weiter als ein Mensch. Im Fremden entdeckt man das menschliche Wesen, wie Hermann Cohen dargelegt hat. (Vgl. H. Cohen, 1929.) Aus der Liebe zum Fremden ist die narzißtische Liebe verschwunden, denn sie bedeutet, daß ich ein menschliches Wesen in seinem Sosein und seinem Anders-als-ich-Sein liebe und eben nicht, weil es so ist wie ich. Wenn das Neue Testament sagt: »Liebet eure Feinde«, so drückt es den gleichen Gedanken nur etwas pointierter aus. Wenn der Fremde für dich ganz der Mensch ist, so ist er nicht länger für dich ein

Feind, weil auch du dann wahrhaft menschlich geworden bist. Nur wer seinen Narzißmus überwunden hat und sagen kann »ich bin du«, ist fähig, den Fremden und den Feind zu lieben.

Der Kampf gegen den Götzendienst, das zentrale Thema in der Lehre der Propheten, ist gleichzeitig ein Kampf gegen den Narzißmus. Beim Götzendienst wird eine partielle Fähigkeit des Menschen absolut gesetzt und zum Idol gemacht. Der Mensch verehrt dann sich selbst in einer entfremdeten Form. Das Idol, in dem er untertaucht, wird zum Objekt seiner narzißtischen Leidenschaft. Die Gottesidee ist dagegen die Negation des Narzißmus, weil nur Gott – und nicht der Mensch – allwissend und allmächtig ist. Aber während die Vorstellung eines undefinierbaren und unbeschreibbaren Gottes die Negation des Götzendienstes und des Narzißmus war, wurde Gott bald wieder zu einem Götzen; der Mensch identifizierte sich auf narzißtische Weise mit Gott, und in vollem Widerspruch zur ursprünglichen Funktion der Gottesvorstellung wurde die Religion zu einer Manifestation des Gruppen-Narzißmus.

Der Mensch gelangt zu seiner vollen Reife, wenn er sich völlig sowohl vom individuellen wie auch vom gesellschaftlichen Narzißmus freimacht. Dieses hier mit psychologischen Begriffen formulierte Ziel der geistigen Entwicklung ist im wesentlichen dasselbe, wie das, welches die großen religiösen Führer der Menschheit in religiös-spirituelle Begriffe gefaßt haben. Die Begriffe unterscheiden sich zwar, aber sie beziehen sich auf den gleichen Gehalt und auf die gleiche Erfahrung.

Wir leben in einer historischen Epoche, die durch eine scharfe Diskrepanz gekennzeichnet ist zwischen der intellektuellen Entwicklung des Menschen, die ihn zur Entwicklung der schlimmsten Vernichtungswaffen geführt hat, und seiner geistig-emotionalen Entwicklung, die ihn noch im Zustand eines ausgeprägten Narzißmus mit all seinen pathologischen Symptomen stecken bleiben ließ. Was kann man tun, um die Katastrophe zu vermeiden, die leicht aus diesem Widerspruch erwachsen könnte? Ist es dem Menschen überhaupt möglich, in voraussehbarer Zukunft einen Schritt zu tun, den er trotz aller religiösen Lehren bisher noch niemals zu tun imstande war? Ist der Narzißmus so tief im Menschen verwurzelt, daß er seinen »narzißtischen Kern« nie überwinden wird, wie Freud meinte? Besteht dann die geringste Hoffnung, daß der narzißtische Wahnsinn nicht zur Zerstörung des Menschen führen wird, noch bevor er eine Chance hatte, zur vollen Menschlichkeit zu gelangen? Diese Fragen kann niemand beantworten. Wir können nur untersuchen, welches die optimalen Möglichkeiten sind, die dem Menschen helfen könnten, die Katastrophe zu vermeiden.

Beginnen wir mit der Möglichkeit, die die einfachste sein dürfte. Auch wenn man die narzißtische Energie nicht bei jedem Menschen reduzieren kann, so könnte man vielleicht das Objekt ändern, auf das sie sich richtet. Wenn die *Menschheit,* die ganze menschliche Familie, und nicht ein einziges Volk, eine einzige Rasse oder ein einziges politisches System zum Gegenstand des Gruppen-Narzißmus gemacht würde, wäre vielleicht schon viel gewonnen. Wenn der einzelne sich primär als Weltbürger erleben und wenn er auf die Menschheit und ihre Leistungen stolz sein könnte, würde sich sein Narzißmus die Menschheit und nicht ihre widerstreitenden Komponenten zum Gegenstand nehmen. Wenn die Erziehungssysteme aller Länder den Haupterwerb auf die Leistungen der Menschheit und nicht auf die eines Volkes legen würden, so könnte man auf überzeugendere und eindringlichere Weise geltend machen, daß man stolz sein kann, ein Mensch zu sein. Wenn das Gefühl, das in den Worten des Chores in der griechischen Tragödie *Antigone* zum Ausdruck kommt: »Es gibt nichts Wunderbareres als den Menschen« zu einem Erlebnis werden könnte, an dem alle teilhaben, wäre ganz gewiß ein großer Schritt vorwärts getan. Aber etwas anderes müßte noch hinzukommen: nämlich das Merkmal eines jeden gutartigen Narzißmus, daß er sich auf eine Leistung bezieht. Nicht eine Gruppe, eine Klasse oder eine Religion, sondern die ganze Menschheit muß sich an Aufgaben beteiligen, die es einem jeden erlauben, stolz darauf zu sein, daß er der Menschheit angehört. Gemeinsame Aufgaben für die ganze Menschheit gibt es genug: den gemeinsamen Kampf gegen Krankheit und Hunger, die Ausbreitung von Wissen und Kunst unter allen Völkern unserer Welt mit Hilfe unserer Kommunikationsmittel. Tatsache ist, daß es trotz aller Unterschiede in der politischen und religiösen Ideologie keinen Sektor im menschlichen Bereich gibt, auf dem man es sich leisten könnte, sich von diesen gemeinsamen Aufgaben auszuschließen, besteht doch die große Leistung unseres Jahrhunderts darin, daß der Glaube an die natürlichen oder göttlichen Ursachen der menschlichen Ungleichheit, an die Notwendigkeit oder Legitimität der Ausbeutung des Menschen durch den Menschen unwiderruflich überwunden ist. Der Humanismus der Renaissance, die bürgerlichen Revolutionen, die Russische und die Chinesische Revolution und die kolonialen Erhebungen – sie alle gründen sich auf den einen gemeinsamen Gedanken der Gleichheit aller Menschen. Selbst wenn einige dieser Revolutionen zu einer Verletzung des Grundsatzes der Gleichheit aller Menschen in den betreffenden Systemen geführt haben, ist es doch eine historische Tatsache, daß die Idee von der Gleichheit aller Menschen und die daraus resultierende Überzeugung von ihrer Freiheit und Würde die Welt erobert hat, und es ist denkbar, daß die Menschheit jemals zu den Vorstellungen zurückkehren könnte, welche die Geschichte der zivilisierten Welt noch vor kurzem beherrscht haben.

Das Image der menschlichen Rasse und ihrer Errungenschaften könnte als Objekt des gutartigen Narzißmus von einer übernationalen Organisation wie den Vereinten Nationen repräsentiert werden. Man könnte beispielsweise damit anfangen, eigene Symbole, Feiertage und Festivals dafür zu erfinden. Nicht der Nationalfeiertag, sondern der »Tag des Menschen« würde dann zum höchsten Feiertag des Jahres. Aber es liegt leider auf der Hand, daß es zu einer solchen Entwicklung nur kommen kann, wenn sich viele und schließlich alle Nationen zusammentun und bereit sind, zugunsten der Souveränität der Menschheit auf einen Teil ihrer nationalen Souveränität zu verzichten, und dies nicht nur auf politischem Gebiet, sondern auch unter Berücksichtigung der emotionalen Gegebenheiten. Eine verstärkte UNO und die vernünftige und friedliche Lösung von Gruppenkonflikten sind zweifellos die Voraussetzung dafür, daß die Menschheit und ihre gemeinsamen Errungenschaften zum Gegenstand des Gruppen-Narzißmus werden können.[5]

Eine solche Verlagerung des Gegenstandes des Narzißmus von einzel-

[5] Als Beispiel für spezifische Maßnahmen, die man bei einem solchen Versuch vornehmen könnte, möchte ich nur ein paar Vorschläge machen. Die Geschichtsbücher sollten in Geschichtsbücher der *Weltgeschichte* umgeschrieben werden, in denen das Leben eines jeden Volkes im richtigen, der Wirklichkeit entsprechenden Verhältnis wiedergegeben wird, ohne daß die Proportionen verzerrt werden, wie ja auch die Weltkarten in allen Ländern gleich sind, ohne die Größe des jeweiligen Landes übertrieben darzustellen. Außerdem sollten Filme gedreht werden, die so sind, daß man auf die menschliche Rasse stolz sein kann, und in denen gezeigt wird, wie sich die großen Leistungen der Menschheit aus vielen Einzelleistungen der verschiedenen Gruppen zusammensetzen.

nen Gruppen auf die ganze Menschheit und ihre Errungenschaften würde, wie bereits dargelegt, zweifellos den Gefahren eines nationalen und ideologischen Narzißmus entgegenwirken. Aber das genügt noch nicht. Wenn wir unseren politischen und religiösen Idealen, dem christlichen wie auch sozialistischen Ideal der Selbstlosigkeit und Brüderlichkeit treu bleiben wollen, so besteht unsere Aufgabe darin, das Maß des Narzißmus in jedem einzelnen von uns zu reduzieren. Obwohl dies Generationen in Anspruch nehmen wird, ist es heute leichter als je zuvor, weil der Mensch die Möglichkeit hat, die materiellen Bedingungen für ein menschenwürdiges Dasein eines jeden zu schaffen. Die Entwicklung der Technik wird das Bedürfnis zum Verschwinden bringen, daß eine Gruppe die andere versklavt und ausbeutet; sie hat bereits den Krieg als eine wirtschaftlich vernünftige Aktion zu einer veralteten Einrichtung gemacht. Zum erstenmal wird nun der Mensch aus seinem halb-tierischen Zustand in einen voll-menschlichen hineinwachsen und deshalb auf die narzißtische Befriedigung verzichten können, mit der er seine materielle und kulturelle Armut bisher kompensiert hat.
Auf der Basis dieser neuen Bedingungen kann die wissenschaftliche und humanistische Orientierung dem Menschen bei seinem Versuch, den Narzißmus zu überwinden, eine große Hilfe sein. Wie bereits angedeutet, müssen wir unser Erziehungssystem dahingehend ändern, daß wir primär nicht eine technische, sondern eine wissenschaftliche Orientierung anstreben; das heißt, daß wir kritisches Denken, Objektivität, Akzeptierung der Realität und eine Auffassung der Wahrheit lehren, die sich keinem Machtanspruch beugt und die für jede nur denkbare Gruppe Gültigkeit besitzt. Wenn es den zivilisierten Völkern gelingt, bei ihrer Jugend eine wissenschaftliche Orientierung als Grundeinstellung zu erwecken, werden wir in unserem Kampf gegen den Narzißmus schon viel gewonnen haben. Der zweite Faktor, der in gleicher Richtung führt, ist die Verbreitung einer humanistischen Philosophie und Anthropologie. Wir können nicht erwarten, daß damit alle philosophischen und religiösen Unterschiede verschwinden. Das wäre nicht einmal wünschenswert, da die Errichtung eines einzigen Systems, das den Anspruch stellen würde, das »orthodoxe« System zu sein, nur aufs neue zu einer Quelle narzißtischer Regression führen könnte. Aber trotz aller vorhandenen Unterschiede gibt es eine gemeinsame humanistische Erfahrung und ein

gemeinsames Glaubensbekenntnis. Dieses Glaubensbekenntnis lautet, daß jeder einzelne die ganze Menschheit in sich trägt, daß die »menschliche Situation« *(conditio humana)* für alle Menschen die gleiche ist, und dies trotz der unvermeidlichen Unterschiede bezüglich Intelligenz, Begabung, Größe und Hautfarbe. Diese humanistische Erfahrung besteht in dem Gefühl, daß mir nichts Menschliches fremd ist, daß »ich du bin«, daß ich ein anderes menschliches Wesen deshalb verstehen kann, weil wir beide die gleichen Elemente menschlicher Existenz gemeinsam haben. Diese humanistische Erfahrung wird nur dann in ganzem Umfang möglich, wenn wir unser Bewußtsein erweitern. In der Regel beschränkt sich unser Bewußtsein auf das, was die Gesellschaft, der wir angehören, uns wahrzunehmen erlaubt. Menschliche Erfahrungen, die in dieses Bild nicht hineinpassen, werden verdrängt. Daher repräsentiert unser Bewußtsein hauptsächlich unsere eigene Gesellschaft und Kultur, während unser Unbewußtes den universalen Menschen in einem jeden von uns repräsentiert. (Vgl. E. Fromm, 1951a, 1960a und 1962a.) Die Erweiterung der Selbst-Wahrnehmung, die Transzendierung des Bewußtseins und die Durchleuchtung der Sphäre des gesellschaftlichen Unbewußten wird dem Menschen die Möglichkeit geben, in sich die ganze Menschheit zu erleben. Er wird sich als Sünder und Heiliger, als Kind und als Erwachsener, als geistig Gesunder und als Geistesgestörter, als Mensch der Vergangenheit und als Mensch der Zukunft erleben und das Gefühl haben, daß er alles, was die Menschheit war und in Zukunft sein wird, in sich trägt.

Eine echte Renaissance unserer humanistischen Tradition, welche von allen religiösen, politischen und philosophischen Systemen getragen wird, die den Anspruch erheben, den Humanismus zu repräsentieren, würde meiner Ansicht nach einen beträchtlichen Fortschritt in Richtung auf das wichtigste »Neuland« unserer Zeit bedeuten – die Entwicklung des Menschen zu einem vollkommen menschlichen Wesen.

Mit all diesen Erwägungen möchte ich nicht gesagt haben, daß die richtige Unterweisung allein der entscheidende Schritt zur Verwirklichung des Humanismus sein kann, wie das die Humanisten der Renaissance geglaubt haben. Alle diese guten Lehren werden nur wirksam werden, wenn wesentliche gesellschaftliche, ökonomische und politische Bedingungen sich ändern; wenn sich der bürokratische Industrialismus in einen humanistischen und sozialistischen Industrialismus verwandelt; wenn die Zentralisierung zur Dezentralisierung wird; wenn aus dem Organisationsmenschen ein verantwortungsbewußter und aktiv mitarbeitender Bürger wird; wenn sich die nationalen Hoheitsrechte der Souveränität der menschlichen Rasse und ihrer gewählten Organe unterordnen; wenn die Nationen, die »alles haben«, sich bemühen, mit den »Habenichtsen« unter den Völkern gemeinsam deren Wirtschaftssysteme aufzubauen; wenn es zu einer universalen Abrüstung kommt und die vorhandenen Rohstoffquellen für konstruktive Aufgaben zur Verfügung gestellt werden. Die allgemeine Abrüstung ist auch noch aus einem anderen Grund unbedingt notwendig: Wenn ein Teil der Menschheit in Angst vor der totalen Vernichtung durch einen anderen lebt und der Rest der Menschheit in der Angst lebt, von beiden vernichtet zu werden, dann kann der Gruppen-Narzißmus ganz gewiß nicht abgebaut werden. Wirklich menschlich kann der Mensch nur in einer Atmosphäre sein, in der er hoffen kann, daß er und seine Kinder das kommende Jahr und noch viele Jahre darüber hinaus erleben.

5

INZESTUÖSE BINDUNGEN

In den vorangegangenen Kapiteln haben wir uns mit zwei Orientierungen – der Nekrophilie und dem Narzißmus – befaßt, die sich in ihren extremen Formen gegen Leben und Wachstum auswirken und Streit, Destruktion und Tod heraufbeschwören. In diesem Kapitel möchte ich mich mit einer dritten Orientierung, der inzestuösen Symbiose, beschäftigen, die in ihrer bösartigen Form zu ähnlichen Resultaten führt wie die beiden zuvor diskutierten Orientierungen.

Auch hier möchte ich von einem zentralen Begriff der Freudschen Theorie ausgehen, von der inzestuösen Bindung an die Mutter. Freud hielt diese Bindung für einen der Ecksteine seines wissenschaftlichen Gebäudes, und auch ich halte seine Entdeckung der Mutterbindung tatsächlich für eine der weitreichendsten in der Wissenschaft vom Menschen. Allerdings hat Freud auch auf diesem Gebiet, ebenso wie in den bereits erörterten Bereichen, seine Entdeckung und deren Konsequenzen dadurch beeinträchtigt, daß er sich gezwungen sah, sie in seiner Libido-Theorie unterzubringen.

Freud war die außerordentliche Energie aufgefallen, mit der die Bindung des Kindes an seine Mutter geladen ist, eine Bindung, die der Durchschnittsmensch nur selten ganz überwindet. Freud hatte beobachtet, daß sie die Fähigkeit des Mannes, mit Frauen Verbindungen einzugehen, beeinträchtigt, daß sie seine Unabhängigkeit vermindert, und daß der Konflikt zwischen seinen bewußten Zielen und seiner verdrängten inzestuösen Bindung zu verschiedenen neurotischen Konflikten und Symptomen führen kann. Freud glaubte, daß die der Mutterbindung zugrunde liegende Kraft beim kleinen Jungen die genitale Libido ist, die ihn veranlaßt, seine Mutter sexuell zu begehren und seinen Vater als sexuellen Rivalen zu hassen. Angesichts der überlegenen Stärke seines Rivalen verdrängt der kleine Junge jedoch seine inzestuösen Wünsche und identifiziert sich mit den Geboten und Verboten des Vaters. In seinem Unbewußten leben die verdrängten inzestuösen Wünsche jedoch weiter, mit großer Intensität jedoch nur in pathologischen Fällen.

Was das kleine Mädchen betrifft, so hat Freud (1931b) eingeräumt, daß er die Dauer seiner Mutterbindung zuvor unterschätzt hatte. Er sagte jetzt: »...diese Mutterbindung... nahm also den bei weitem längeren Anteil der sexuellen Frühblüte ein... Die präödipale Phase des Weibes rückt hiermit zu einer Bedeutung auf, die wir ihr bisher nicht zugeschrieben haben«, und er hält es für erforderlich, »die Allgemeinheit des Satzes, der Ödipuskomplex sei der Kern der Neurose, zurückzunehmen« (S. Freud, 1931b, S. 518). Er fügt jedoch hinzu, wenn jemandem diese Korrektur widerstrebe, so brauche er sie nicht notwendigerweise zu übernehmen, denn »einerseits kann man dem Ödipuskomplex den weiteren Inhalt geben, daß er alle Beziehungen des Kindes zu beiden Eltern umfaßt, andererseits kann man den neuen Erfahrungen auch Rechnung tragen, indem man sagt, das Weib gelange zur normalen positiven Ödipussituation erst, nachdem es eine vom negativen Komplex beherrschte Vorzeit überwunden« habe. Abschließend stellt er fest: »Die Einsicht in die präödipale Vorzeit der Mädchen wirkt als Überraschung, ähnlich wie auf anderem Gebiet die Aufdeckung der minoisch-mykenischen Kultur hinter der griechischen« (a.a.O., S. 519). In diesem letzten Satz räumt Freud mehr implizit als explizit ein, daß die Mutterbindung als früheste Entwicklungsphase beiden Geschlechtern gemeinsam ist und daß sie mit matriarchalischen Merkmalen der vorhellenischen Kultur zu vergleichen ist. Aber er hat diesen Gedanken nicht zu Ende gedacht. Erstens zog er etwas paradoxerweise die Schlußfolgerung daraus, »die Phase der ausschließlichen Mutterbindung, die präödipal genannt werden kann, (beanspruche) beim Weib eine weitaus größere Bedeutung, als ihr beim Mann zukommen kann« (a.a.O., S. 523). Zweitens versteht er diese präödipale Phase des kleinen Mädchens völlig im Rahmen seiner Libido-Theorie. Fast sieht es so aus, als gehe er darüber hinaus, wenn er bemerkt, der Vorwurf vieler Frauen, die Mutter habe ihnen als Kind »zu wenig Milch gegeben«, sie habe »sie nicht lange genug genährt«, scheine ihm zweifelhaft, er sei »sich nicht sicher, ob man nicht bei der Analyse

von Kindern, die solange gesäugt worden sind wie die Kinder der Primitiven, auf dieselbe Klage stoßen würde.« Aber er meint dazu lediglich: »So groß ist die Gier der kindlichen Libido« (a.a.O., S. 527).[1]
Diese präödipale Bindung von Jungen wie Mädchen an ihre Mutter, die sich qualitativ von der ödipalen Bindung des kleinen Jungen an seine Mutter unterscheidet, ist meiner Erfahrung nach das weit wichtigere Phänomen, im Vergleich zu welchem die genitalen inzestuösen Wünsche des kleinen Jungen völlig sekundär sind. Meiner Ansicht nach ist die vorödipale Bindung des Jungen oder Mädchens an die Mutter eines der zentralen Phänomene im Entwicklungsprozeß und eine der Hauptursachen von Neurose und Psychose. Anstatt sie als Manifestation der Libido zu bezeichnen, möchte ich lieber ihre Eigenart beschreiben, da sie – ob man sich dabei der Libido bedient oder nicht – etwas völlig anderes ist als die genitalen Wünsche des kleinen Jungen. Dieses vor-genitale »inzestuöse« Streben ist eine der fundamentalsten Leidenschaften beim Mann wie bei der Frau, in dem die Sehnsucht des Menschen nach Schutz, nach Befriedigung seines Narzißmus enthalten ist; seine Sehnsucht, die Risiken der Verantwortung, der Freiheit und des Bewußtseins seiner selbst loszuwerden; sein Verlangen nach bedingungsloser Liebe, die ihm geboten wird, ohne daß Gegenliebe von ihm erwartet wird. Natürlich existieren diese Bedürfnisse normalerweise in jedem Kind, und die Mutter ist die Person, die sie erfüllt. Das Kind könnte sonst nicht weiterleben; es ist hilflos, es kann sich nicht auf seine eigenen Kräfte verlassen, es braucht Liebe und Fürsorge, die nicht davon abhängig gemacht wird, ob es sie auch verdient. Wenn die Mutter diese Funktion nicht erfüllt, dann kann eine andere »bemutternde Person«, wie H. S. Sullivan sie nennt, diese Funktion übernehmen, etwa eine Großmutter oder Tante.
Aber die unverkennbare Tatsache, daß das Kind eine Person braucht, die es bemuttert, hat die Tatsache in den Schatten gestellt, daß nicht nur das Kind hilflos ist und sich nach Sicherheit sehnt, sondern daß auch der Erwachsene in vielerlei Hinsicht nicht weniger hilflos ist. Er kann zwar arbeiten und die ihm von der Gesellschaft zugewiesenen Aufgaben erfüllen, aber er ist sich auch der Gefahren und Risiken des Lebens mehr

[1] Freud wendet sich ausdrücklich gegen Melanie Kleins Theorie, daß der Ödipuskomplex bereits zu Anfang des 2. Lebensjahres des Kindes beginne. (Vgl. a.a.O., S. 536.)

bewußt als das Kleinkind und weiß Bescheid über die Naturkräfte und die gesellschaftlichen Kräfte, die sich seiner Kontrolle entziehen, über die Zufälle, die er nicht voraussehen kann, über Krankheit und Tod, denen er nicht entrinnen kann. Was wäre unter diesen Umständen natürlicher, als daß er sich leidenschaftlich nach einer Macht sehnt, die ihm Sicherheit, Schutz und Liebe gewährt? Dieser Wunsch ist nicht nur eine Wiederholung seiner Sehnsucht nach der Mutter; er entsteht, weil genau die gleichen Bedingungen, die das Kleinkind veranlassen, sich nach der Liebe der Mutter zu sehnen, weiter fortbestehen, wenn auch auf einer anderen Ebene. Wenn die Menschen – Männer wie Frauen – eine »MUTTER« für den Rest ihres Lebens finden könnten, dann gäbe es in ihrem Leben kein Risiko und keine Tragödie mehr. Ist es da verwunderlich, daß der Mensch sich so unwiderstehlich getrieben fühlt, dieser Fata Morgana nachzujagen?

Aber der Mensch weiß auch mehr oder weniger klar, daß er das verlorene Paradies nicht wiederfinden kann, daß er dazu verurteilt ist, mit der Ungewißheit und dem Risiko zu leben, daß er sich auf seine eigenen Anstrengungen verlassen muß, und daß ihm nur die volle Entwicklung seiner eigenen Kräfte ein gewisses Maß an Stärke und Furchtlosigkeit verschaffen kann. So wird er vom Augenblick seiner Geburt an zwischen zwei Tendenzen hin- und hergerissen: Einerseits möchte er ans Licht kommen, und andererseits strebt er zurück in den Mutterschoß; einerseits sucht er das Abenteuer, und andererseits sehnt er sich nach Sicherheit; einerseits lockt ihn das Risiko der Unabhängigkeit, und andererseits sucht er Schutz und Abhängigkeit.

Genetisch stellt die Mutter die erste Personifikation der Macht dar, welche schützt und Sicherheit garantiert. Aber sie ist keineswegs die einzige. Später, wenn das Kind heranwächst, wird die Mutter als Person oft durch die Familie, durch die Sippe und alle, die von gleichem Blut und auf dem gleichen Boden geboren sind, ersetzt oder ergänzt. Später, wenn sich der Umfang der Gruppe vergrößert, werden Rasse und Volk, Religion oder politische Parteien zu »Müttern«, zu Garanten von Schutz und Liebe. Bei stärker archaisch orientierten Menschen werden die Natur selbst, die Erde und das Meer zu den großen Verkörperungen der »Mutter«. Die Übertragung der Mutterfunktion von der realen Mutter auf die Familie, die Sippe, die Nation oder Rasse hat den gleichen Vorteil, den wir bereits bei der Umwandlung des persönlichen Narzißmus in den Gruppen-Narzißmus beobachten konnten. Vor allem besteht die Wahrscheinlichkeit, daß die Mutter vor den Kindern stirbt – daher das Bedürfnis nach einer Mutterfigur, die unsterblich ist. Außerdem isoliert die Bindung an eine persönliche Mutter den Menschen von anderen Menschen, die andere Mütter haben. Wenn dagegen die ganze Sippe, das ganze Volk, die Rasse, die Religion oder Gott zu einer gemeinsamen »Mutter« werden können, so transzendiert die Mutterverehrung den einzelnen und vereint ihn mit allen, die das gleiche Mutteridol verehren. Dann braucht sich keiner dessen zu schämen, daß er seine Mutter vergöttert; die der ganzen Gruppe gemeinsame Verehrung der Mutter wird alle innerlich vereinen und alle Eifersucht beseitigen. Die vielen Kulte der Großen Mutter, der Kult der Jungfrau, der Kult des Nationalismus und des Patriotismus – sie alle zeugen von der Intensität dieser Verehrung. Empirisch läßt sich leicht nachweisen, daß zwischen Personen mit einer starken Mutterbindung und solchen mit einer außergewöhnlich starken Bindung an Volk und Rasse, Blut und Boden eine enge Korrelation besteht.[2]

An dieser Stelle ist noch ein Wort über die Rolle zu sagen, die das Sexuelle bei der Mutterbindung spielt. Für Freud war der sexuelle Faktor das entscheidende Element in der Zuneigung des kleinen Jungen zu seiner Mutter. Freud kam dadurch zu diesem Ergebnis, daß er zwei Tatsachen miteinander in Verbindung brachte: die Zuneigung des kleinen Jungen zu seiner Mutter und die Tatsache der Existenz eines genitalen Strebens in frühem Kindesalter. Freud hat ersteres mit letzterem erklärt. Es besteht kein Zweifel darüber, daß es häufig vorkommt, daß der kleine Junge seine Mutter, und daß das kleine Mädchen seinen Vater sexuell begehrt. Aber abgesehen von der Tatsache (die Freud zuerst gesehen und dann wieder bestritten hat, wonach sie von Ferenczi wieder aufgegriffen wurde), daß der verführerische Einfluß der Eltern eine wesentliche Ursache für diese inzestuösen Strebungen sind, sind die sexuellen Strebungen nicht die Ursache, sondern die *Folge* der Fixierung an die

[2] In diesem Zusammenhang ist es interessant zu beobachten, daß die sizilianische Mafia, eine eng verbundene geheime Männergesellschaft, aus der Frauen ausgeschlossen sind (denen man, nebenbei gesagt, niemals ein Leid zufügt), von ihren Mitgliedern »Mama« genannt wird.

Mutter. Außerdem kann man bei inzestuösen sexuellen Wünschen in den Träumen Erwachsener feststellen, daß das sexuelle Begehren häufig Abwehr einer tieferen Regression darstellt. Dadurch, daß der Mann seine männliche Sexualität geltend macht, wehrt er seinen Wunsch ab, an die Mutterbrust oder in den Mutterschoß zurückzukehren.

Ein weiterer Aspekt des gleichen Problems ist die inzestuöse Fixierung der Tochter an ihre Mutter. Während die Fixierung des Jungen an die »Mutter« im hier gemeinten weiteren Sinn mit allen möglichen sexuellen Elementen koinzidiert, die in die Beziehung einmünden können, ist dies bei der Tochter nicht der Fall. Sie fühlt sich sexuell vom Vater angezogen, während sich ihre inzestuöse Fixierung in unserem Sinne, auf die Mutter bezieht. Dieser Unterschied läßt noch deutlicher erkennen, daß selbst die tiefste inzestuöse Bindung an die Mutter nicht die geringste Spur einer sexuellen Stimulation zu enthalten braucht. Wir besitzen umfangreiche klinische Erfahrung über Frauen mit einer ebenso intensiven inzestuösen Bindung an die Mutter, wie man sie sonst nur bei einem Mann finden kann.

In der inzestuösen Bindung an die Mutter steckt sehr häufig nicht nur die Sehnsucht nach ihrer Liebe und ihrem Schutz, sondern auch die Angst vor ihr. Diese Angst entsteht vor allem durch die Abhängigkeit, die das Gefühl der eigenen Kraft und Unabhängigkeit nicht aufkommen läßt. Es kann sich auch um die Angst vor eben jenen Tendenzen handeln, die wir im Falle einer tiefen Regression beobachten: um die Angst, in den Zustand eines Säuglings oder gar in den Mutterschoß zurückzukehren. Diese Wünsche sind es, die die Mutter in eine gefährliche Kannibalin oder in ein alles verschlingendes Ungeheuer verwandeln. Hinzuzufügen ist jedoch, daß es sehr häufig vorkommt, daß solche Ängste primär nicht das Resultat regressiver Phantasien des Betreffenden sind, sondern daß sie dadurch zustande kommen, daß die Mutter tatsächlich eine kannibalische, vampirähnliche oder nekrophile Person ist. Wenn der Sohn oder die Tochter einer solchen Mutter heranwächst, ohne die Bindung an sie zu zerbrechen, so ist es unvermeidlich, daß er oder sie unter intensiven Ängsten leidet, von der Mutter gefressen oder von ihr vernichtet zu werden. Der einzige Weg, solche Menschen von ihren Ängsten, die sie an den Rand des Wahnsinns bringen können, zu heilen, ist ihre Befähigung, die Mutterbindung zu durchtrennen. Aber die in einer solchen

Beziehung entstehende Angst ist gleichzeitig der Grund, weshalb es so schwer ist, die Nabelschnur zu durchtrennen. In dem Maß wie ein Mensch in seiner Abhängigkeit befangen bleibt, sind seine Unabhängigkeit, seine Freiheit und sein Verantwortungsgefühl reduziert.[3]

Ich habe bis jetzt versucht, ein allgemeines Bild von dem Wesen der irrationalen Abhängigkeit und Angst vor der Mutter zu geben, das sich von den sexuellen Bindungen unterscheidet, in denen Freud den Kern der inzestuösen Strebungen sah. Aber das Problem hat genau wie die anderen bereits von uns diskutierten Probleme noch einen anderen Aspekt, nämlich den des *Regressionsgrades* innerhalb des inzestuösen Komplexes. Auch hier können wir zwischen sehr gutartigen Formen der »Mutterbindung« unterscheiden, die tatsächlich so gutartig sind, daß man sie kaum als pathologisch bezeichnen kann, und bösartigen Formen der inzestuösen Fixierung, die ich »inzestuöse Symbiose« nenne.

Unter den gutartigen Formen der Mutterbindung gibt es eine Form, die recht häufig vorkommt. Hier brauchen die Männer eine Frau, die sie tröstet, sie liebt und bewundert. Sie wollen bemuttert, genährt und umsorgt werden. Finden sie eine Liebe dieser Art nicht, so fühlen sie sich leicht verängstigt und niedergeschlagen. Ist diese Mutterbindung nur von geringer Intensität, so beeinträchtigt sie die sexuelle oder affektive Potenz des Mannes und auch seine Unabhängigkeit und Integrität in der Regel nicht. Man darf sogar vermuten, daß bei den meisten Männern etwas von dieser Fixierung und von dem Wunsch, in einer Frau etwas von seiner Mutter wiederzufinden, erhalten bleibt. Ist jedoch diese Bindung stärker, so trifft man häufig auf gewisse Konflikte und auf Symptome sexueller oder emotionaler Art.

Es gibt noch eine zweite Ebene der inzestuösen Fixierung, die weit ernster und neurotischer ist. (Wenn ich hier von verschiedenen Ebenen spreche, so bediene ich mich einer Darstellungsart, die ich für eine kurzgefaßte Beschreibung für angebracht halte; in Wirklichkeit gibt es nicht drei verschiedene Ebenen, sondern es handelt sich um ein Kontinuum,

[3] In einigen wichtigen Aspekten sind meine Auffassungen denen von C. G. Jung ähnlich, der als erster den Inzestkomplex von seinen engen sexuellen Begrenzungen befreit hat. In vielen wesentlichen Punkten unterscheide ich mich aber von Jung, doch würde es den Rahmen dieses Buches sprengen, wollte ich näher auf diese Unterschiede eingehen.

das sich von den harmlosesten bis zu den bösartigsten Formen der inzestuösen Fixierung erstreckt. Bei den hier beschriebenen Ebenen handelt es sich um typische Punkte auf dem Kontinuum; in einer ausführlicheren Diskussion dieses Themas könnte man jede Ebene in mehrere »Unterebenen« unterteilen.) Auf dieser zweiten Ebene der Mutterbindung ist es dem Betreffenden nicht gelungen, seine Unabhängigkeit zu entwikkeln. In weniger schweren Formen handelt es sich um eine Fixierung, die es für den Betreffenden notwendig macht, stets eine Mutterfigur zur Hand zu haben, die bereit ist zu warten, die wenige oder überhaupt keine Ansprüche stellt, jemand, auf den man sich vorbehaltlos verlassen kann. In schwereren Ausprägungen findet man vielleicht einen Mann, der sich eine strenge Mutterfigur zur Frau aussucht; er fühlt sich dann wie ein Gefangener, der nicht das Recht hat, etwas zu tun, was nicht im Dienst dieser Weib-Mutter steht, und hat ständig Angst davor, es könne sie vielleicht erzürnen. Vermutlich rebelliert er unbewußt dagegen und fühlt sich dann schuldig und unterwirft sich ihr nur um so gehorsamer. Die Rebellion kann sich als sexuelle Untreue, depressive Stimmungen, in Form plötzlicher Wutausbrüche oder auch in psychosomatischen Symptomen oder einer allgemeinen Widerspenstigkeit äußern. Ein solcher Mann kann auch unter ernsten Zweifeln an seiner Männlichkeit oder an sexuellen Störungen wie Impotenz oder Homosexualität leiden.

Ein anderes Bild als das, in dem Angst und Rebellion vorherrschen, bildet die Mutterbindung, die mit einer verführerischen männlich-narzißtischen Haltung verbunden ist. Oft hatten solche Männer in ihrer frühen Kindheit das Gefühl, daß ihre Mutter sie dem Vater vorzog, daß sie von ihr bewundert wurden, während sie den Vater verachtete. Sie entwickeln dann einen starken Narzißmus, der ihnen das Gefühl gibt, sie seien besser als der Vater – ja, besser als jeder andere Mann. Diese narzißtische Überzeugung erspart es ihnen, viel oder überhaupt etwas dazu tun zu müssen, um ihre Größe unter Beweis zu stellen. Ihre Größe baut sich auf ihrer Mutterbindung auf. Daher ist bei solchen Männern ihr gesamtes Selbstwertgefühl an Beziehungen zu Frauen gebunden, die sie rückhaltlos und grenzenlos bewundern. Ihre größte Angst ist, daß sie die Bewunderung der Frau, die sie sich erwählt haben, nicht erlangen könnten, da ein solches Scheitern die Basis ihrer narzißtischen Selbsteinschätzung bedrohen würde. Aber wenn sie auch Angst vor Frauen haben, so liegt diese Angst doch nicht so offen zutage wie im vorigen Fall, weil ihre narzißtisch-verführerische Haltung, die den Eindruck einer warmen Männlichkeit macht, das Bild beherrscht. Es wird jedoch bei dieser – wie auch bei jeder anderen – intensiven Mutterbindung als Verbrechen empfunden, wenn man für jemand, der nicht Mutterfigur ist, Liebe, Interesse oder Loyalität empfindet, mag es sich nun um einen Mann oder um eine Frau handeln. Man darf sich nicht einmal für jemand oder etwas – einschließlich seiner Arbeit – *interessieren,* weil die Mutter einen völlig in Beschlag nimmt. Oft haben solche Männer ein schlechtes Gewissen, wenn sie sich auf noch so harmlose Weise für irgend etwas interessieren, oder sie werden zum Typ des »Verräters«, der niemand treu sein kann, weil er seiner Mutter nicht untreu werden kann.

Ich möchte jetzt einige für die Mutterbindung charakteristische Träume anführen:

1. Ein Mann träumt, er befinde sich allein an einem Strand. Eine ältere Frau kommt und lächelt ihm zu. Sie bedeutet ihm, daß er an ihrer Brust trinken darf.
2. Ein Mann träumt, eine starke Frau ergreift ihn, hält ihn über eine tiefe Schlucht, läßt ihn fallen, und er stürzt zu Tode.
3. Eine Frau träumt, sie treffe einen Mann. In diesem Augenblick taucht eine Hexe auf, und die Träumerin bekommt einen furchtbaren Schock. Der Mann nimmt einen Revolver und tötet die Hexe. Die Träumerin läuft weg, aus Angst entdeckt zu werden, und winkt dem Mann, er solle ihr folgen.

Man braucht diese Träume kaum zu erklären. Im ersten ist das Hauptelement der Wunsch, von der Mutter genährt zu werden; im zweiten ist es die Angst, von einer allmächtigen Mutter vernichtet zu werden; im dritten träumt die Frau, ihre Mutter (die Hexe) werde sie umbringen, wenn sie sich in einen Mann verliebt, und nur der Tod der Mutter kann sie befreien.

Aber wie ist es mit der Bindung an den Vater? Zweifellos gibt es diese Bindung sowohl bei Männern als auch bei Frauen; im letzteren Fall ist sie manchmal mit sexuellen Wünschen verquickt. Es hat jedoch den Anschein, daß die Bindung an den Vater niemals die Tiefe einer Mutter-

Familie-Blut-Boden-Bindung erreicht. Während natürlich der Vater in gewissen Sonderfällen selbst eine Mutterfigur sein kann, unterscheidet sich doch seine Funktion normalerweise von der der Mutter. Sie ist es, die in den ersten Jahren des Lebens das Kind versorgt und ihm das Gefühl gibt, beschützt zu sein, das zum ewig ungestillten Wunsch des Menschen mit einer Mutterbindung gehört. Das Leben des Kleinkinds hängt von der Mutter ab – daher kann sie ihm das Leben geben und auch wieder nehmen. Die Mutterfigur ist gleichzeitig die eines Leben-Spenders und eines Leben-Zerstörers, sie ist die Geliebte und gleichzeitig die Gefürchtete.[4] Der Vater hat dagegen eine andere Funktion. Er repräsentiert Gesetz und Ordnung, wie es vom Menschen geschaffen wurde, die sozialen Regeln und Pflichten, und er ist der, welcher bestraft oder belohnt. Seine Liebe ist Bedingungen unterworfen, und man kann sie gewinnen, indem man tut, was er von einem verlangt. Aus diesem Grund kann ein Mensch mit einer Vaterbindung leichter hoffen, sich die Liebe des Vaters zu gewinnen; er braucht nur zu tun, was dieser von ihm verlangt. Aber das euphorische Gefühl einer vollkommenen, bedingungslosen Liebe und Sicherheit und des unbedingten Schutzes wird nur selten von einem Menschen mit einer Vaterbindung erlebt.[5] Auch finden wir bei solchen auf den Vater eingestellten Personen nur selten jene tiefe Regression, die wir jetzt im Zusammenhang mit der Mutterbindung beschreiben wollen.

Die tiefste Ebene der Mutterbindung ist die der »inzestuösen Symbiose«. Was bedeutet hier »Symbiose«? Es gibt Symbiosen unterschiedlichen Grades, aber eines haben sie alle gemeinsam: die symbiotisch an einen anderen gebundene Person wird zu einem untrennbaren Bestandteil ihres »Wirts«, an den sie gebunden ist. Sie kann ohne diesen nicht leben, und wenn die Beziehung bedroht ist, gerät sie in höchste Angst

[4] Vgl. in der Mythologie zum Beispiel die Doppelrolle der indischen Göttin Kali und in Träumen die Symbolisierung der Mutter als Tiger, Löwe, Hexe oder kinderfressende Zauberin.

[5] Ich möchte nur kurz auf den Unterschied in der Struktur zwischen Kulturen und Religionen hinweisen, in deren Mittelpunkt die Mutter beziehungsweise der Vater steht. Die katholischen Länder im Süden Europas und in Lateinamerika und die protestantischen Länder in Nordeuropa und in Nordamerika sind gute Beispiele dafür. Mit den psychologischen Unterschieden befaßt sich Max Weber in seiner *Protestantischen Ethik*; ich selbst komme in meinem Buch *Escape from Freedom* (1941a) darauf zu sprechen.

und Furcht. (Bei zur Schizophrenie neigenden Patienten kann eine Trennung zu einer plötzlichen schizophrenen Entgleisung führen.) Wenn ich sage, daß der Betreffende ohne den anderen nicht leben kann, so meine ich damit nicht, daß er unbedingt körperlich immer mit seinem »Wirt« zusammensein müßte; er kann ihn oder sie nur selten zu sehen bekommen, oder der »Wirt« kann sogar schon tot sein (in diesem Fall kann die Symbiose die Form einer Erscheinung annehmen, die in gewissen Kulturen als »Ahnenkult« institutionalisiert ist); die Bindung ist ihrer Natur nach eine Gefühls- und Phantasiebindung. Für den symbiotisch an einen anderen Menschen Gebundenen ist es sehr schwierig, wenn nicht überhaupt unmöglich, zwischen sich und seinem »Wirt« eine klare Trennungslinie zu ziehen. Er hat das Gefühl, mit dem anderen eins oder ein Teil von ihm, mit ihm vermischt zu sein. Je extremer die Symbiose ist, um so unmöglicher wird diese klare Trennungslinie zwischen beiden Personen. Aus diesem Grund wäre es auch irreführend, in schwereren Fällen von einer »Abhängigkeit« der symbiotisch gebundenen Person vom »Wirt« zu reden. »Abhängigkeit« setzt eine klare Unterscheidung zwischen beiden Personen voraus, wobei die eine von der anderen abhängt. Im Falle einer symbiotischen Beziehung kann sich der symbiotisch Gebundene manchmal überlegen, manchmal unterlegen und manchmal auch seinem »Wirt« ebenbürtig fühlen – aber sie sind stets nicht voneinander zu trennen. Man kann diese symbiotische Einheit am besten mit der Einheit der Mutter mit dem Fötus vergleichen. Fötus und Mutter sind zwei und trotzdem eines.[6] Es kommt auch nicht selten vor, daß beide Beteiligten wechselseitig symbiotisch miteinander verbunden sind. In diesem Fall handelt es sich um eine *folie à deux,* die den beiden als solche nicht bewußt ist, weil sie beide sie als Realität empfinden. In extrem regressiven Formen der Symbiose besteht tatsächlich unbewußt der Wunsch, in den Mutterschoß zurückzukehren. Oft drückt sich dieser Wunsch in symbolischer Form in dem Wunsch (oder der Furcht) aus, im Ozean zu ertrinken, oder auch in der Angst, von der Erde verschlungen zu werden. Es handelt sich um die Sehnsucht, die eigene Individualität völlig zu verlieren und wieder eins mit der Natur zu wer-

[6] Vgl. M. A. Lechehaye, 1955, eine ausgezeichnete Beschreibung der symbiotischen Fixierung eines schwer gestörten Patienten.

den. Hieraus folgt, daß diese tiefe regressive Sehnsucht mit dem Wunsch zu leben in Konflikt steht. Im Mutterschoß sein heißt, dem Leben entrückt sein. Ich möchte damit sagen, daß die Mutterbindung, und zwar sowohl die Sehnsucht nach ihrer Liebe als auch die Angst vor ihrer Destruktivität, viel stärker und elementarer ist als Freuds »ödipale Bindung«, von der er annahm, daß sie auf sexuelle Wünsche zurückgehe. Es gibt jedoch ein Problem, das in der Diskrepanz zwischen unserer bewußten Wahrnehmung und der unbewußten Realität begründet ist. Wenn jemand sich an seine sexuellen Wünsche in bezug auf die Mutter erinnert oder sie phantasiert, stößt er auf Widerstand. Da ihm jedoch das Wesen der sexuellen Begierde bekannt ist, ist es lediglich das *Objekt* seiner Begierde, das sein Bewußtsein nicht wahrnehmen möchte. Ganz anders ist es mit der symbiotischen Fixierung, von der hier die Rede ist, dem Wunsch, wie ein Kind geliebt zu werden, seine Unabhängigkeit ganz aufzugeben, wieder ein Säugling zu sein oder sogar in den Mutterschoß zurückzukehren; alle diese Wünsche decken sich keineswegs mit Begriffen wie »Liebe«, »Abhängigkeit« oder auch »sexuelle Fixierung«. Alle diese Worte sind blaß im Vergleich zu der Macht des Erlebnisses, welches dahintersteht. Das gleiche gilt für die »Angst vor der Mutter«. Wir alle wissen, was es bedeutet, vor jemandem Angst zu haben. Er kann uns schelten, demütigen und bestrafen. Wir haben diese Erfahrung durchgemacht und haben dabei mehr oder weniger Mut bewiesen. Aber wissen wir, wie uns zumute wäre, wenn wir in einen Käfig gestoßen würden, in dem ein Löwe uns erwartet, oder wenn wir in eine mit Schlangen gefüllte Grube geworfen würden? Können wir einen Ausdruck finden für das Entsetzen, das uns erfassen würde, wenn wir uns zu zitternder Hilflosigkeit verdammt sähen? Doch stellt die »Angst« vor der Mutter genau eine Erfahrung dieser Art dar. Mit den uns zur Verfügung stehenden Worten kann man nur schwer das unbewußte Erleben erfassen, und so sprechen die Menschen oft von ihrer Abhängigkeit oder von ihrer Angst, ohne richtig zu wissen, wovon sie reden. Die Sprache, die dem wirklichen Erleben adäquat wäre, wäre die der Träume oder der Symbole in Mythologie und Religion. Wenn ich träume, daß ich im Ozean ertrinke (was mit einem aus Angst und Seligkeit gemischten Gefühl Hand in Hand geht), oder wenn ich träume, ich versuche einem Löwen zu entrinnen, der mich verschlingen will, dann träume ich tatsächlich in einer Sprache, die dem entspricht, was ich wirklich erlebe. Unsere Alltagssprache entspricht natürlich den Erfahrungen, die wir uns wahrzunehmen gestatten. Wenn wir in unsere Wirklichkeit eindringen wollen, müssen wir unsere gewohnte Sprache möglichst vergessen und in der vergessenen Sprache der Symbole denken.

Die Pathologie der inzestuösen Fixierung hängt offensichtlich von der jeweiligen Ebene der Regression ab. In den gutartigsten Fällen kann man kaum von pathologisch sprechen, außer vielleicht von einer leicht übertriebenen Abhängigkeit von Frauen und Angst vor ihnen. Je tiefer die Regressionsebene liegt, um so intensiver sind sowohl Abhängigkeit als auch Angst. Auf der ganz archaischen Ebene haben sowohl Abhängigkeit wie auch Angst einen Grad erreicht, der die geistige Gesundheit bedroht. Es gibt noch andere pathologische Elemente, die ebenfalls von der Tiefe der Regression abhängen. Die inzestuöse Orientierung steht genau wie der Narzißmus mit Vernunft und Objektivität in Konflikt. Wenn es mir nicht gelingt, die Nabelschnur zu zerschneiden, wenn ich daran festhalte, immer weiter das Idol der Sicherheit und des Schutzes anzubeten, dann wird das Idol unantastbar. Es darf dann keine Kritik mehr daran geübt werden. Wenn »die Mutter« nie unrecht haben kann, wie kann ich dann einen anderen Menschen objektiv beurteilen, wenn er mit »der Mutter« in Widerstreit steht oder von ihr abgelehnt wird? Diese Beeinträchtigung des gesunden Urteils ist weniger auffällig, wenn das Objekt der Bindung nicht die Mutter, sondern die Familie, das Volk oder die eigene Rasse ist. Da diese Fixierungen als Tugenden angesehen werden, führt eine starke nationale oder religiöse Bindung leicht zu voreingenommenen und verzerrten Urteilen, die für die Wahrheit gehalten werden, weil sie von allen anderen, die an dieser Bindung teilhaben, geteilt werden.

Neben der Beeinträchtigung des Vernunftvermögens ist das zweite wichtige pathologische Merkmal der inzestuösen Fixierung die Unfähigkeit, in einem anderen menschlichen Wesen einen vollwertigen Menschen zu sehen. Nur die werden als Menschen angesehen, die von gleichem Blut sind oder dem gleichen Boden entstammen; der »Fremde« ist ein Barbar. Die Folge ist, daß auch ich mir selbst ein »Fremder« bleibe, da ich die Menschheit nur in der verkrüppelten Form erleben kann, die durch die Gruppe mit gemeinsamem Blut repräsentiert wird.

Die inzestuöse Fixierung beeinträchtigt oder zerstört – je nach dem Grade der Regression – die Fähigkeit zu lieben.
Das dritte pathologische Symptom der inzestuösen Fixierung ist der Konflikt mit der Unabhängigkeit und Integrität. Ein an die Mutter und den Stamm gebundener Mensch besitzt nicht die Freiheit, er selbst zu sein, eine eigene Überzeugung zu haben und eine eigene Verpflichtung einzugehen. Er kann sich nicht der Welt öffnen und kann sie nicht ganz in sich hineinnehmen; er befindet sich stets im Gefängnis seiner rassisch-national-religiösen Mutterbindung. Nur in dem Maß, wie ein Mensch sich von allen Arten inzestuöser Bindungen freimacht, ist er ganz geboren und kann unbehindert voranschreiten und er selbst werden.
Die inzestuöse Fixierung wird gewöhnlich nicht als solche erkannt, oder sie wird so rationalisiert, daß sie vernünftig erscheint. Jemand, der stark an seine Mutter gebunden ist, kann seine inzestuöse Bindung auf verschiedene Weise rationalisieren: »Es ist meine Pflicht, ihr zu Diensten zu sein«; oder: »Sie hat soviel für mich getan, und ich verdanke ihr mein Leben«; oder: »Sie hat soviel gelitten«; oder: »Sie ist so bewundernswert«. Wenn nicht die individuelle Mutter, sondern die Nation Gegenstand der Fixierung ist, gibt es ähnliche Rationalisierungen dafür. Sie drehen sich um die Vorstellung, daß man seinem Volk alles verdankt oder daß dieses Volk etwas ganz Besonderes und etwas besonders Herrliches ist.
Zusammenfassend ist zu sagen: Die Tendenz, an die bemutternde Person und ihre Äquivalente – Blut, Familie, Stamm – gebunden zu bleiben, ist allen Männern und Frauen eigen. Sie befindet sich in einem ständigen Konflikt mit der entgegengesetzten Tendenz, geboren zu werden, voranzuschreiten und zu wachsen. Im Falle einer normalen Entwicklung gewinnt die Wachstumstendenz die Oberhand. In einem schweren pathologischen Fall obsiegt die regressive Tendenz zu einer symbiotischen Vereinigung, und die Folge ist, daß der Betreffende mehr oder weniger total seine Fähigkeiten verliert. Freuds Auffassung, daß die inzestuösen Regungen bei jedem Kind zu finden seien, ist völlig richtig, doch besitzt diese Entdeckung eine weit größere Signifikanz, als Freud selbst vermutete. Inzestuöse Wünsche sind primär nicht das Resultat sexueller Begierden, sondern stellen eine fundamentale Tendenz im Menschen dar: den Wunsch, an das gebunden zu bleiben, von dem man hergekommen

ist, die Angst, frei zu werden und die Angst, von eben der Figur vernichtet zu werden, der man sich unter Verzicht auf jede Unabhängigkeit hilflos ausgeliefert hat.

Wir sind jetzt in der Lage, die drei Tendenzen miteinander zu vergleichen, mit deren wechselseitiger Beziehung sich dieses Buch bisher beschäftigt hat. In ihren weniger schweren Manifestationen unterscheiden sich Nekrophilie, Narzißmus und inzestuöse Fixierung durchaus voneinander, und es kommt sehr oft vor, daß bei jemand eine dieser Orientierungen vorhanden ist, ohne daß bei ihm darum auch die beiden anderen anzutreffen wären. Auch verursacht keine dieser Orientierungen in ihren nicht-bösartigen Formen eine wesentliche Beeinträchtigung von Vernunft und Liebesfähigkeit oder eine intensive Destruktivität. (Als Beispiel möchte ich Franklin D. Roosevelt anführen. Er war in mäßigem Grad mutterfixiert, in mäßigem Maß narzißtisch und dabei ein stark biophiler Mensch. Im Gegensatz zu ihm war Hitler ein fast total nekrophiler, narzißtischer und inzestuöser Mensch.) Aber je bösartiger die drei Orientierungen sind, um so mehr konvergieren sie. Zunächst besteht eine enge Affinität zwischen der inzestuösen Fixierung und dem Narzißmus. Im selben Maße, wie ein Mensch noch nicht ganz dem Mutterschoß oder der Mutterbrust entwachsen ist, ist er nicht frei, zu anderen in Beziehung zu treten oder andere Menschen zu lieben. Er und seine Mutter (als eine Einheit) sind das Objekt seines Narzißmus. Das läßt sich am deutlichsten erkennen, wo der persönliche Narzißmus sich in Gruppen-Narzißmus verwandelt hat. In solchen Fällen finden wir die inzestuöse Fixierung sehr deutlich mit dem Narzißmus verquickt. Es ist die spezielle Mischung, die die Macht und Irrationalität eines jeden nationalen, rassischen, religiösen und politischen Fanatismus erklärt.

Bei den ganz archaischen Formen der inzestuösen Symbiose und des Narzißmus tritt noch die Nekrophilie hinzu. Das Streben, in den Mutterschoß und in die Vergangenheit zurückzukehren, bedeutet gleichzeitig eine Hinneigung zu Totem und Destruktion. Wenn extreme Formen von Nekrophilie, Narzißmus und inzestuöser Symbiose sich miteinander verquicken, können wir von einem Syndrom sprechen, das ich als »Verfallssyndrom« bezeichnen möchte. Wer unter diesem Syndrom leidet, ist in der Tat böse, begeht er doch Verrat an Leben und Wachstum, um sich dem Tod und der Verkrüppelung zu weihen. Das am besten dokumentierte Beispiel für einen Menschen, der am »Verfallssyndrom« litt, war Hitler. Wie bereits angedeutet, fühlte er sich zu Totem und zur Destruktion stark hingezogen; er war ein äußerst narzißtischer Mensch, für den nur *seine eigenen* Wünsche und Gedanken Realität besaßen. Und er war auch ein extrem inzestuös gebundener Mensch. Wie auch immer seine Beziehung zu seiner Mutter ausgesehen haben mag, ihr inzestuöser Charakter kommt vor allem in seiner fanatischen Hingabe an die Rasse und das Volk, das mit ihm von gleichem Blut war, zum Ausdruck. Er war besessen von der Idee, die germanische Rasse zu retten, indem er verhinderte, daß ihr Blut vergiftet wurde. Wie er in *Mein Kampf* verkündete, ging es ihm einmal darum, sie vor der Syphilis zu retten; zweitens wollte er sie vor der Schändung durch die Juden bewahren. Narzißmus, Tod und Inzest ergeben die verhängnisvolle Mischung, die einen Menschen wie Hitler zu einem Feind der Menschheit und des Lebens machte. Diese Triade von Charakterzügen hat Richard Hughes in *The Fox in the Attic* (1961) prägnant beschrieben:

»Wie konnte sich schließlich dieses monistische ›Ich‹ Hitlers jemals ungestraft dem ganzen Geschlechtsakt hingeben, dessen Wesen eben darin besteht, den ›Anderen‹ zu erkennen? Ich meine, ohne Schaden zu nehmen an seiner festen Überzeugung, das einzige empfindungsfähige Zentrum des Universums, die einzige echte Inkarnation des WILLENS zu sein, die jetzt oder jemals darin enthalten war? Der logische Schluß aus seiner übernatürlichen inneren ›Macht‹ lautete natürlich, daß *er, Hitler, allein existierte.* ›Ich bin und habe keinen neben mir.‹ Es gab im Universum keine anderen Menschen als ihn, nur Dinge; daher fehlte für ihn der ganzen Skala von ›Personal‹-Pronomen ihr normaler emotionaler Inhalt. Dies gab Hitler die Möglichkeit, ungeheure und zügellose Bewegungen zu planen und in Gang zu setzen: Für diesen Architekten war es ganz natürlich, auch Politiker zu werden, denn für ihn unterschieden sich die neuen Dinge, mit denen er umzugehen hatte, kaum von den alten: diese Männer waren nur Mimikrys von ihm selbst, es waren Dinge der gleichen Kategorie wie andere Werkzeuge und Steine. Alle Werkzeuge haben Griffe – diese Sorte war mit Ohren versehen. Und es ist unsinnig, Steine zu lieben oder zu hassen oder Mitleid mit ihnen zu haben (oder ihnen die Wahrheit zu sagen).

Hitler repräsentierte demnach jenen seltenen, krankhaften Zustand der

Persönlichkeit, ein Ich, das praktisch ohne einen Übergang zwischen Hell und Dunkel war. Das heißt, daß dies nur selten und krankhaft ist, wenn ein solches Ich abnormerweise in einer sonst reifen, erwachsenen Intelligenz, die klinisch gesund ist, weiterlebt (denn beim Neugeborenen handelt es sich dabei um einen ganz normalen Beginn, der noch beim Kleinkind weiterbesteht). Hitlers *erwachsenes* ›Ich‹ hatte sich demnach zu einer größeren, aber immer noch undifferenzierten Struktur entwikkelt, wie das ein bösartiges Gewächs tut...

Die gequälte, halb wahnsinnige Kreatur warf sich in ihrem Bett herum...

Die ›Rienzi-Nacht‹, jene Nacht auf dem Freinberg über Linz nach der Opernaufführung: Ganz gewiß war dies die entscheidende Nacht seiner Knabenzeit gewesen, hatte er doch damals zum erstenmal jene einsame Allmacht in sich bestätigt gefunden. Als er sich innerlich getrieben fühlte, in der Dunkelheit dort hinaufzusteigen, hatte er da nicht in einem einzigen Augenblick alle Königreiche der Welt gezeigt bekommen? Und war nicht sein ganzes Wesen ein einziges zustimmendes Ja auf die alte Frage des Evangeliums gewesen? Hatte er nicht auf dem hohen Berg unter den Novembersternen als Zeugen für alle Zeiten den Vertrag *geschlossen*? Aber jetzt... jetzt, wo er wie Rienzi oben auf dem Wogenkamm zu reiten schien, auf jener unwiderstehlichen Woge, die ihn mit steigender Kraft nach Berlin hätte tragen sollen, – jetzt fing jener Wellenkamm an, sich zu überschlagen: er hatte sich überschlagen und war zusammengebrochen und über ihm zusammengeschlagen; er hatte ihn hinabgezogen, hinab in die grüne, donnernde Tiefe des Wassers.

Verzweifelt warf er sich im Bett herum, er keuchte – er war im Begriff zu ertrinken (wovor sich Hitler am allermeisten fürchtete). Am Ertrinken? Dann... in jenem selbstmörderischen Augenblick seiner Knabenzeit, als er vor langer Zeit auf der Donaubrücke in Linz noch zauderte... war der melancholische Junge *doch* hinabgesprungen an jenem längstvergangenen Tag, und alles seither war ein Traum! Dann war dieses Geräusch jetzt die mächtige Donau, die ihm in die träumenden, ertrinkenden Ohren sang.

In dem grünen wässerigen Licht um ihn herum schwamm ein totes Gesicht nach oben gekehrt auf ihn zu: ein totes Gesicht mit seinen eigenen leicht vorstehenden Augen darin: das Gesicht seiner toten Mutter, wie

er sie zuletzt mit noch offenen Augen weiß auf dem Kissen gesehen hatte. Tot und weiß und leer, leer sogar von der Liebe zu ihm.
Aber jetzt hatte sich dieses Gesicht vervielfacht – es war überall im Wasser um ihn herum. So *war* seine Mutter dieses Wasser, dieses Wasser, in dem er ertrank!
Da hörte er auf zu kämpfen. Er zog die Knie zum Kinn hoch in die Urhaltung und lag da und ließ sich untergehen.
So schlief Hitler schließlich ein« (R. Hughes, 1961, S. 266–268).

In diesem kurzen Abschnitt sind alle Elemente des »Verfallssyndroms« auf eine Weise zusammengetragen, wie dies nur einem großen Schriftsteller gelingt. Wir sehen Hitlers Narzißmus, seine Sehnsucht zu ertrinken – wobei das Wasser seine Mutter ist – und seine Hinneigung zum Toten, die vom Gesicht seiner toten Mutter symbolisiert wird. Die Regression in den Mutterschoß wird durch seine Körperhaltung symbolisiert, durch die in der Urhaltung bis zum Kinn angezogenen Knie.
Hitler ist nur ein besonders herausragendes Beispiel für das »Verfallssyndrom«. Es gibt viele, die von Gewalt, Haß, Rassismus und narzißtischem Nationalismus leben und die unter diesem Syndrom leiden. Es sind die Anführer von Gewalttaten, Krieg und Zerstörung und ihre »getreuen Anhänger«. Nur die schwer Gestörten unter ihnen werden ihre wahren Ziele offen verkünden oder sich ihrer sogar voll bewußt sein. Sie werden zunächst versuchen, ihre Einstellung als Liebe zum Vaterland, als Pflicht, als Ehrensache usw. hinzustellen. Sobald aber die normale Form des zivilisierten Lebens zusammenbricht, wie dies bei großen internationalen Kriegen oder im Bürgerkrieg der Fall ist, haben es derartige Menschen nicht mehr nötig, ihre tiefsten Wünsche zu unterdrücken. Sie singen dann Hymnen auf den Haß. In Zeiten, in denen sie dem Tod dienen können, erwachen sie erst zum Leben und entfalten alle ihre Energien. Der Krieg und eine Atmosphäre der Gewalttätigkeit sind zweifellos die Situation, in welcher der Mensch mit dem »Verfallssyndrom« ganz er selbst wird. Höchstwahrscheinlich ist nur eine Minderheit der Bevölkerung von diesem Syndrom motiviert. Aber allein die Tatsache, daß weder sie noch die, welche nicht hierdurch motiviert werden, sich jener wirklichen Motivation bewußt sind, macht sie zu gefährlichen Trägern einer ansteckenden Krankheit, einer Haßinfektion in Zeiten

des Kampfes, der Konflikte und des kalten wie des heißen Krieges. Deshalb ist es so wichtig, daß man sie als die erkennt, welche sie sind: Menschen, die das Tote lieben, die sich vor der Unabhängigkeit fürchten und für die nur die Bedürfnisse ihrer eigenen Gruppe Realität besitzen. Man müßte sie nicht körperlich isolieren, wie man das mit Aussätzigen tut. Es würde schon genügen, wenn die Normalen unter uns ihren verkrüppelten Zustand und die Bösartigkeit ihrer Bestrebungen, die sich hinter frommen Rationalisierungen verbirgt, begreifen würden, damit diese Normalen sich eine gewisse Immunität gegen ihren pathologischen Einfluß erwerben könnten. Hierzu wäre es natürlich nötig, daß man eines lernt: Worte nicht für die Realität zu nehmen und die irreführenden Rationalisierungen jener zu durchschauen, die unter einer Krankheit leiden, unter der nur der Mensch leiden kann: unter der Negation des Lebens, schon bevor es erloschen ist.[7] Unsere Analyse von Nekrophilie, Narzißmus und inzestuöser Fixierung legt einen Vergleich mit der Freudschen Theorie nahe, wenn auch eine solche Diskussion im Rahmen dieses Buchs kurz sein muß.

Freuds Denken gründet auf einem evolutionären Schema der Libido-Entwicklung: von der narzißtischen Phase zur oral-rezeptiven, zur oral-aggressiven und anal-sadistischen Phase und weiter zur phallischen und genitalen Charakterorientierung. Nach Freud ist die schwerste Form von Geisteskrankheit durch eine Fixierung auf den frühesten Ebenen der Libido-Entwicklung (oder durch Regression zu ihnen) verursacht. Folglich wäre zum Beispiel eine Regression auf die oral-rezeptive Ebene als schwererer pathologischer Fall anzusehen als eine Regression auf die anal-sadistische Ebene. Meiner Erfahrung nach wird jedoch dieses allgemeine Prinzip nicht durch klinische Beobachtungen bestätigt. Die oral-rezeptive Orientierung steht an und für sich dem Leben näher

[7] Ich möchte ein empirisches Forschungsprogramm vorschlagen, das die Möglichkeit gäbe, mit Hilfe eines »projektiven Fragebogens« festzustellen, wie häufig Menschen anzutreffen sind, die unter Nekrophilie, einem extremen Narzißmus und einer inzestuösen Symbiose leiden. Man könnte einen solchen Fragebogen bei einer geschichteten und repräsentativen Auswahl der Bevölkerung der Vereinigten Staaten anwenden. Dies würde es ermöglichen, nicht nur festzustellen, wie häufig das »Verfallssyndrom« anzutreffen ist, sondern auch in welcher Beziehung es zu anderen Faktoren steht wie etwa zur sozio-ökonomischen Situation, zu Erziehung, Religion und geographischer Herkunft.

als die anale Orientierung; daher sollte man ganz allgemein annehmen, daß die anale Orientierung zu schwereren Krankheiten führt als die oral-rezeptive. Außerdem dürfte die oral-aggressive Orientierung auch wegen des darin enthaltenen Elements von Sadismus und Destruktivität zu schwereren Krankheitserscheinungen führen als die oral-rezeptive. Hieraus ergibt sich für uns fast eine Umkehr des Freudschen Schemas. Die am wenigsten schwere Krankheit steht demnach im Zusammenhang mit der oral-rezeptiven Orientierung, die nächstschwere ist die oral-aggressive und die schwerste die anal-sadistische. Nehmen wir an, daß Freuds Beobachtungen stimmen, daß genetisch die Entwicklungsfolge von der oral-rezeptiven zur oral-aggressiven und schließlich zur anal-sadistischen Orientierung verläuft, so müßte man seiner Auffassung widersprechen, daß die Fixierung auf einer früheren Phase die schwereren Krankheitserscheinungen aufweist.

Ich glaube freilich nicht, daß das Problem dadurch zu lösen ist, daß man annimmt, daß die entwicklungsmäßig früheren Orientierungen die Wurzel der schwereren pathologischen Erscheinungen sind. Ich bin vielmehr der Ansicht, daß jede Orientierung an sich bereits mehrere Regressionsebenen aufweist, die von der normalen bis zur ganz archaischen, krankhaften Ebene reichen. So kann beispielsweise die oral-rezeptive Orientierung in einer milden Form auftreten, sofern sie mit einer im allgemeinen reifen Charakterstruktur, das heißt mit einem hohen Maß an Produktivität Hand in Hand geht. Andererseits kann sie aber auch mit einem hochgradigen Narzißmus und einer inzestuösen Symbiose einhergehen; in diesem Fall wird die oral-rezeptive Orientierung durch eine extreme Abhängigkeit und eine bösartige Erkrankung gekennzeichnet sein. Das gleiche gilt für den fast normalen analen Charakter, verglichen mit dem nekrophilen Charakter. Ich möchte daher vorschlagen, die Schwere der Erkrankung nicht anhand der verschiedenen Ebenen der Libido-Entwicklung festzulegen, sondern je nach dem Grad der Regression, die *innerhalb* der jeweiligen Orientierung (der oral-rezeptiven, der oral-aggressiven usw.) festzustellen ist. Außerdem sollte man sich vor Augen halten, daß wir es nicht nur mit der Orientierung zu tun haben, von der Freud annimmt, daß sie in den jeweiligen erogenen Zonen (»Assimilierungsmodi«) wurzelt, sondern auch mit unterschiedlichen Formen der Bezogenheit (wie Liebe, Destruktivität und

Sado-Masochismus), die eine gewisse Affinität zu den verschiedenen Modi der Assimilierung besitzen. (Vgl. hierzu E. Fromm, 1947a.) So besteht zum Beispiel eine Affinität zwischen der oral-rezeptiven und der inzestuösen, zwischen der analen und der destruktiven Orientierung. Ich befasse mich hier in diesem Buch mit Orientierungen im Bereich der zwischenmenschlichen Bezogenheit (Narzißmus, Nekrophilie, inzestuöse Orientierung – »Sozialisationsmodi«) und nicht mit Assimilierungsmodi; aber es besteht eine Korrelation zwischen beiden Orientierungsmodi. Was die Affinität zwischen Nekrophilie und analer Orientierung betrifft, so bin ich auf diese Korrelation hier in diesem Buch ausführlicher eingegangen. Auch zwischen der Biophilie und dem »genitalen Charakter« sowie zwischen der inzestuösen Fixierung und dem oralen Charakter besteht eine Korrelation.

Ich habe zu zeigen versucht, daß eine jede der drei hier beschriebenen Orientierungen auf verschiedenen Regressionsebenen auftreten kann. Je tiefer die Regression bei jeder Orientierung ist, um so mehr tendieren die drei dazu zu konvergieren. Im Zustand einer extremen Regression

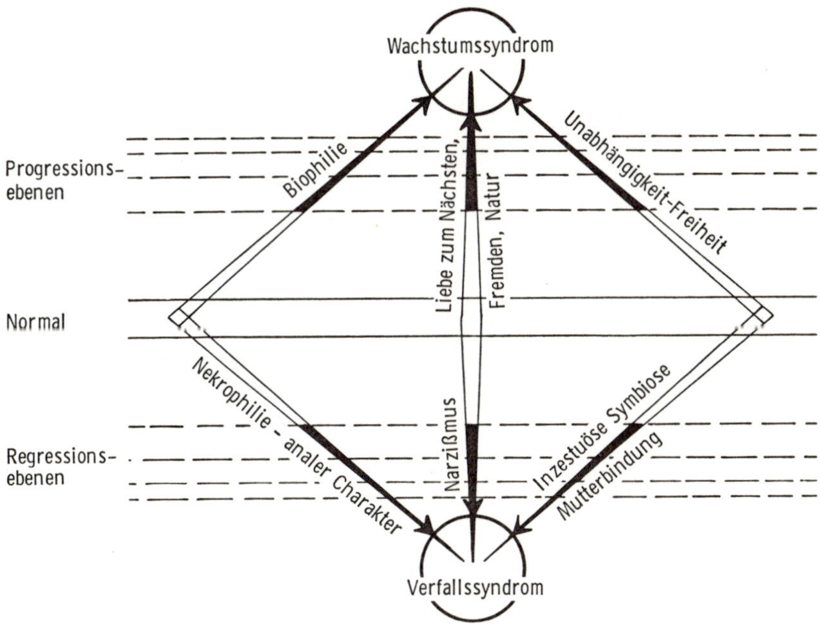

konvergieren sie zu dem so benannten »Verfallssyndrom«. Aber auch bei Personen, die ein Optimum an Reife erreicht haben, tendieren die drei Orientierungen dazu, zu konvergieren. Das Gegenteil der Nekrophilie ist die Biophilie; das Gegenteil des Narzißmus ist die Liebe; das Gegenteil der inzestuösen Symbiose ist Unabhängigkeit und Freiheit. Das Syndrom dieser drei anderen Einstellungen möchte ich als »Wachstumssyndrom« bezeichnen. Die Grafik stellt diese Auffassung in schematischer Form dar.

6

FREIHEIT, DETERMINISMUS, ALTERNATIVISMUS

Nachdem wir einige Probleme der Destruktivität und Gewalttätigkeit erörtert haben, sind wir vielleicht jetzt besser in der Lage, die Fäden des ersten Kapitels wieder aufzugreifen. Kehren wir zu der Frage zurück: Ist der Mensch gut oder böse? Ist er frei oder wird er durch äußere Umstände in seinem Handeln bestimmt? Oder sind diese Alternativen falsch, und ist der Mensch weder das eine noch das andere – oder ist er sowohl das eine wie das andere?

Um eine Antwort auf diese Fragen zu finden, beginnen wir am besten mit der Erörterung einer weiteren Frage. Kann man überhaupt vom Wesen oder von der Natur des Menschen sprechen, und wenn ja, wie kann man sie definieren?

Wenn man sich fragt, ob man vom Wesen des Menschen sprechen kann, so trifft man prompt auf zwei gegensätzliche Standpunkte. Der eine lautet, es gebe so etwas wie das *Wesen* des Menschen überhaupt nicht; diesen Standpunkt vertritt der anthropologische Relativismus, der behauptet, der Mensch sei nichts anderes als das Produkt kultureller Gegebenheiten, die ihn formen. Andererseits gründet sich die empirische Erörterung der Destruktivität im vorliegenden Buch auf die von Freud und vielen anderen vertretene Ansicht, daß es so etwas wie die Natur des Menschen gibt; tatsächlich geht die gesamte dynamische Psychologie von dieser Voraussetzung aus.

Die Schwierigkeit, eine befriedigende Definition der Natur des Menschen zu finden, beruht auf folgendem Dilemma: Nimmt man an, daß eine bestimmte *Substanz* das Wesen des Menschen ausmacht, so sieht man sich in eine nicht-evolutionäre, unhistorische Position hineingedrängt, die impliziert, daß der Mensch sich seit seinem ersten Auftreten nicht wesentlich verändert hat. Eine solche Auffassung ist nur schwer mit der Tatsache in Einklang zu bringen, daß zwischen unseren noch höchst unterentwickelten Ahnen und dem zivilisierten Menschen der letzten vier- bis sechstausend Jahre der Geschichte ein ungeheurer Unterschied besteht.[1] Bekennt man sich andererseits zu der Evolutionstheorie und nimmt an, daß der Mensch sich ständig ändert, was bleibt dann noch als Inhalt jener angeblichen »Natur« oder jenes angeblichen »Wesens« des Menschen übrig? Das Dilemma wird auch nicht durch Definitionen gelöst wie die, der Mensch sei ein *zoon politikon* (Aristoteles) und ein Wesen, das mit Vorbedacht und Phantasie produziere, und das Ziel der Natur sei es, »ein Tier heranzüchten, das versprechen darf« (F. Nietzsche, 1910a, S. 341); solche Definitionen drücken *wesentliche Eigenschaften* des Menschen, nicht aber sein *Wesen* aus.

Ich glaube, daß sich das Dilemma lösen läßt, wenn man das Wesen des Menschen nicht als eine gegebene Qualität oder als eine Substanz, sondern als *einen der menschlichen Existenz innewohnenden Widerspruch* definiert.[2] Dieser Widerspruch zeigt sich an zwei Phänomenen: Erstens ist der Mensch ein Tier, das jedoch im Vergleich zu anderen Tieren nur unzureichend mit Instinkten ausgerüstet ist, so daß sein Überleben nur gesichert ist, wenn er die Mittel produziert, die seine materiellen Be-

[1] Marx hat dieses Dilemma besonders viel Kopfzerbrechen gemacht. Er sprach vom »Wesen des Menschen«, wenn er sich auch nach den *ökonomisch-philosophischen Manuskripten* des Jahres 1844 dieses Ausdrucks nicht mehr bediente und zum Beispiel vom »nichtverkrüppelten« Menschen sprach, was die Auffassung voraussetzt, daß die Natur des Menschen verkrüppelt werden kann. (Im dritten Band seines *Kapitals* bedient er sich immer noch des Begriffs der »menschlichen Natur« und bezeichnet als nichtentfremdete Arbeit eine solche, die sich »unter den ihrer menschlichen Natur würdigsten und adäquatesten Bedingungen« vollzieht [K. Marx, 1971a, Band III, S. 828].) Andererseits hat Marx die Auffassung vertreten, daß der Mensch sich im Prozeß der Geschichte selbst erschafft, und er ging an einer Stelle sogar so weit zu behaupten, daß das Wesen des Menschen nichts weiter sei als »das Ensemble der gesellschaftlichen Verhältnisse«, in dem er lebe (K. Marx, 1971, S. 340). Offensichtlich wollte Marx den Begriff von einer Natur des Menschen nicht aufgeben, wollte sich andererseits aber auch nicht einer unhistorischen, nichtevolutionären Auffassung ausliefern. Tatsächlich hat er nie eine Lösung für dieses Dilemma gefunden, so daß er nicht zu einer Definition der Natur des Menschen gelangte und seine Äußerungen zu diesem Thema etwas unbestimmt und widersprüchlich bleiben.

[2] Ich habe die auf den nächsten Seiten ausgeführten Gedanken in meinem Buch *The Sane Society* (1955a) zum Ausdruck gebracht. Ich möchte sie hier in gedrängter Form wiederholen, weil sonst dem Hauptteil des vorliegenden Buches seine Grundlage fehlen würde.

dürfnisse befriedigen, und wenn er eine Sprache und Werkzeuge entwikkelt. Zweitens besitzt der Mensch wie andere Tiere auch Intelligenz, die es ihm erlaubt, Denkvorgänge zur Erreichung unmittelbarer praktischer Ziele einzusetzen. Aber der Mensch besitzt noch eine andere geistige Eigenschaft, die dem Tier fehlt. Er ist sich seiner selbst bewußt, seiner Vergangenheit und seiner Zukunft, die der Tod ist; er ist sich seiner Kleinheit und Ohnmacht bewußt; er nimmt die anderen als andere wahr – als Freunde, als Feinde oder als Fremde. Der Mensch transzendiert alles übrige Leben, denn er ist zum erstenmal *Leben, das sich seiner selbst bewußt ist.* Der Mensch befindet sich *innerhalb* der Natur, er ist ihren Diktaten und Wechselfällen unterworfen, und dennoch *transzendiert* er die Natur, weil ihm die Unreflektiertheit des Tiers abgeht, die dieses zu einem Teil der Natur macht, es eins mit der Natur sein läßt. Der Mensch sieht sich mit dem erschreckenden Konflikt konfrontiert, ein Gefangener der Natur und trotzdem in bezug auf seine Gedanken frei zu sein, Teil der Natur und doch sozusagen eine Laune der Natur zu sein, weder hier noch da zu stehen. Dieses Bewußtsein seiner selbst hat den Menschen zu einem Fremdling in der Welt gemacht, von allen abgesondert, einsam und angsterfüllt.

Es handelt sich bei dem hier beschriebenen Widerspruch im wesentlichen um den gleichen Gegensatz, den wir in der klassischen Auffassung finden, daß der Mensch sowohl Leib wie Seele, sowohl Engel wie Tier ist, daß er zwei im Konflikt miteinander stehenden Welten angehört. Ich möchte hier zeigen, daß es nicht genügt, das Wesen des Menschen in diesem Konflikt zu sehen, so als ob er dadurch erst zum Menschen würde. Man muß noch einen Schritt weitergehen und erkennen, daß eben dieser Konflikt im Menschen *nach einer Lösung verlangt.* Erkennt man den Konflikt, so drängen sich sofort gewisse Fragen auf: Was kann der Mensch tun, um mit dem schrecklichen Dilemma fertig zu werden, das seiner Existenz mitgegeben ist? Was kann er tun, um zu jener Harmonie hinzufinden, die ihn von der Qual des Alleinseins befreit und ihm die Möglichkeit gibt, sich in der Welt daheim zu fühlen und zu einem Gefühl der Einheit zu gelangen?

Die Antwort des Menschen auf diese Fragen darf keine theoretische sein (wenngleich sie sich in den Gedanken und Theorien über das Leben widerspiegelt); er muß sie vielmehr mit seinem ganzen Sein, seinem ganzen

Fühlen und Handeln geben. Diese Antwort mag gut oder schlecht sein, aber selbst die schlechteste Antwort ist immer noch besser als gar keine. Eine Bedingung freilich muß jede Antwort erfüllen: Sie muß dem Menschen helfen, das Gefühl des Abgesondertseins zu überwinden und ein Gefühl für Einheit, des Einsseins und der Zusammengehörigkeit zu gewinnen. Es gibt eine ganze Reihe von Antworten, die sich der Mensch auf die Frage geben kann, die ihm durch sein Menschsein gestellt ist, und ich möchte sie im folgenden kurz erörtern. Ich möchte noch einmal betonen, daß keine dieser Antworten als solche bereits das Wesen des Menschen ausmacht; was das Wesen des Menschen ausmacht, ist vielmehr die Frage und das Bedürfnis nach einer Antwort; die verschiedenen Daseinsformen des Menschen machen nicht sein Wesen aus, aber es sind Antworten auf den Konflikt, der selbst das Wesen des Menschen ist.

Die erste Antwort auf das Streben, das Abgesondertsein zu überwinden und zu Einheit zu gelangen, möchte ich als die regressive Antwort bezeichnen. Wenn der Mensch zur Einheit zu gelangen sucht, wenn er sich von der Angst des Alleinseins und der Ungewißheit zu befreien sucht, kann er versuchen, dorthin zurückzukehren, wo er hergekommen ist – zur Natur, zum animalischen Leben oder zu seinen Ahnen. Er kann versuchen, alles von sich abzuschütteln, was ihn zum Menschen macht und doch quält: seine Vernunft und das Bewußtsein seiner selbst. Offenbar hat der Mensch seit Hunderttausenden von Jahren genau das versucht. Die Geschichte primitiver Religionen zeugt ebenso von diesem Versuch wie schwere psychische Erkrankungen beim einzelnen. In der einen oder anderen Form finden wir sowohl in primitiven Religionen als auch in der Individualpsychologie die gleiche schwere Krankheitserscheinung: die Regression zur animalischen Existenz, zum Zustand der Prä-Individuation, den Versuch, alles loszuwerden, was spezifisch menschlich ist. Diese Feststellung müssen wir jedoch in einer Hinsicht qualifizieren. Wenn regressive archaische Tendenzen von vielen geteilt werden, so haben wir es mit einer *folie à millions* zu tun; und eben die Tatsache, daß dieser Wahn von so vielen geteilt wird, läßt ihn als Weisheit, läßt das Fiktive als das Wirkliche erscheinen. Der einzelne, der an diesem Massenwahn teilhat, verliert das Gefühl seiner völligen Isolation und Abgesondertheit und entgeht auf diese Weise der intensiven Angst, unter der er in einer progredierenden Gesellschaft leiden würde. Man sollte nicht vergessen, daß für die meisten Menschen Vernunft und Realität nichts anderes sind als der allgemeine Konsens. Man »hat nicht den Verstand verloren«, wenn alle so denken wie man selbst.

Die Alternative zur regressiven, archaischen Lösung für das Problem der menschlichen Existenz, für die Last, ein Mensch zu sein, ist die *progressive Lösung,* die darin besteht, daß man nicht durch Regression, sondern durch die volle Entwicklung aller *menschlichen Kräfte,* der Menschlichkeit in uns selbst zu einer neuen Harmonie gelangt. Es gibt viele Religionen, die den Übergang zwischen den archaisch-regressiven und den humanistischen Religionen spiegeln, aber die progressive Lösung wurde zum erstenmal in radikaler Form in jener bemerkenswerten Epoche der menschlichen Geschichte zwischen 1500 und 500 v. Chr. ins Auge gefaßt. Sie tauchte um 1350 v. Chr. in Ägypten in den Lehren Echnatons auf und etwa gleichzeitig bei den Hebräern in den Lehren von Moses; um 600 bis 500 v. Chr. verkündete Lao-Tse in China den gleichen Gedanken, in Indien tat es der Buddha, Zarathustra verkündete ihn in Persien, und wir finden ihn ebenso bei den griechischen Philosophen wie bei den Propheten Israels. Das neue Ziel des Menschen, voll menschlich zu werden und auf diese Weise seine verlorene Harmonie zurückzugewinnen, wurde in unterschiedlichen Begriffen und Symbolen zum Ausdruck gebracht. Für Echnaton symbolisierte die Sonne das Ziel; für Moses tat es der unbekannte Gott der Geschichte; Lao-Tse bezeichnete das Ziel als Tao (Weg); Buddha symbolisierte es im Nirwana; die griechischen Philosophen nannten es den unbewegten Beweger, die Perser gaben ihm den Namen Zarathustra; die Propheten sprachen von dem messianischen »Ende der Tage«. Diese Begriffe wurden großenteils durch die Denkformen und letzten Endes durch die Lebenspraxis und die sozioökonomisch-politische Struktur der jeweiligen Kultur bestimmt. Aber während die spezielle Form, in der das neue Ziel seinen Ausdruck fand, von den unterschiedlichen historischen Gegebenheiten abhing, war das Ziel im wesentlichen dasselbe: das Problem der menschlichen Existenz dadurch zu lösen, daß man die richtige Antwort auf die Frage gab, die das Leben stellt, nämlich die, wie der Mensch ganz menschlich wird und so die Angst vor seiner Isoliertheit verliert. Als das Christentum und der Islam fünfhundert beziehungsweise tausend Jahre später den gleichen

Gedanken nach Europa und in die Mittelmeerländer brachten, erfuhr ein großer Teil der Welt die neue Botschaft. Aber kaum hatte der Mensch die Botschaft gehört, da fing er auch schon an, sie zu verfälschen. Anstatt selbst voll menschlich zu werden, machte er Gott und die Dogmen als Manifestationen des »neuen Ziels« zu seinen Götzen, womit er eine Figur oder ein Wort an die Stelle der Realität seiner eigenen Erfahrung setzte. Und trotzdem hat der Mensch wieder und wieder versucht, zu seinem wahren Ziel zurückzukehren. Wir finden solche Versuche innerhalb der Religion, in ketzerischen Sekten, in neuen philosophischen Gedanken und in politischen Philosophien.

So verschieden die Denkvorstellungen all dieser neuen Religionen und Bewegungen auch sein mögen, gemeinsam ist ihnen allen die Idee von der grundlegenden Alternative des Menschen. Der Mensch hat nur zwischen zwei Möglichkeiten die Wahl: zurückzugehen oder voranzuschreiten. Er kann entweder zu einer archaischen, pathologischen Lösung regredieren, oder er kann progredieren und seine Menschlichkeit weiterentwickeln. Es gibt verschiedene Formulierungen für diese Alternative.

In Persien ist es die Alternative zwischen Licht und Finsternis, im Alten Testament die zwischen Segen und Fluch oder Leben und Tod. In der sozialistischen Formulierung ist die Alternative die zwischen Sozialismus und Barbarei.

Wir finden dieselbe Alternative nicht nur in den verschiedenen humanistischen Religionen, sondern sie erscheint auch als der grundsätzliche Unterschied zwischen geistig-seelischer Gesundheit und Geisteskrankheit. Was wir als gesunden Menschen bezeichnen, hängt vom allgemeinen Bezugssystem der jeweiligen Kultur ab. Für die germanischen Berserker wäre jemand, der sich wie ein wildes Tier benehmen konnte, ein »gesunder« Mensch gewesen. Für uns heute wäre ein solcher Mensch ein Psychotiker. Alle archaischen Formen seelischen Erlebens – die Nekrophilie, der extreme Narzißmus, die inzestuöse Symbiose – die in der einen oder anderen Form in regressiv-archaischen Kulturen als das »Normale« oder sogar das »Ideale« angesehen wurden, weil die Menschen sich in bezug auf ihre archaischen Ziele einig waren, betrachtet man heute als schwere Formen von psychischen Krankheiten. Treten diese archaischen Kräfte in einer weniger intensiven Form auf und wirken ihnen entgegengesetzte Kräfte entgegen, so werden sie verdrängt, und diese Verdrängung führt zu einer »Neurose«. Der wesentliche Unterschied zwischen der archaischen Orientierung in einer regressiven, bzw. in einer progressiven Kultur liegt darin, daß der archaisch Orientierte sich in einer archaischen Kultur nicht isoliert, sondern im Gegenteil vom allgemeinen Konsens getragen fühlt, während in einer progressiven Kultur für einen solchen Menschen das Gegenteil der Fall ist. Er »verliert seinen Verstand«, weil er sich damit im Gegensatz zu allen anderen befindet. Tatsache ist, daß selbst in einer progressiven Kultur wie unserer heutigen viele Menschen, die ihr angehören, regressive Tendenzen von beträchtlicher Stärke aufweisen, die aber im Verlauf des normalen Lebens verdrängt und nur unter speziellen Bedingungen, wie zum Beispiel im Krieg, offen zutage treten.

Fassen wir noch einmal zusammen, was uns diese Erwägungen zu den Fragen, von denen wir ausgingen, zu sagen haben. Zunächst kommen wir bezüglich der Frage nach dem Wesen des Menschen zu dem Schluß, daß die Natur oder das Wesen des Menschen keine spezifische *Substanz,* wie das Gute oder das Böse, ist, sondern ein *Widerspruch,* der in den Bedingungen der menschlichen Existenz selbst begründet ist. Dieser Konflikt bedarf selbst einer Lösung, und es gibt dafür grundsätzlich nur die regressive oder die progressive Lösung. Was manchmal wie ein angeborener Trieb zum Fortschritt im Menschen erscheint, ist nichts anderes als die Dynamik der Suche nach neuen Lösungen. Auf jeder neuen Ebene, die der Mensch erreicht hat, tauchen neue Widersprüche auf, die ihn zwingen, weiter an der Aufgabe zu arbeiten, neue Lösungen zu finden. Dieser Prozeß setzt sich so lange fort, bis der Mensch das Endziel erreicht hat, voll menschlich zu werden, und bis er mit der Welt ganz eins geworden ist. Ob der Mensch dieses Endziel des vollen »Erwachens« erreichen kann, wo Gier und Konflikt verschwunden sind (wie es der Buddhismus lehrt), oder ob dies nur nach dem Tode möglich ist (wie es der christlichen Lehre entspricht), soll uns hier nicht bekümmern. Uns kommt es auf das in allen humanistischen Religionen und Lehren gleiche »Neue Ziel« an, und daß der Mensch glaubt, diesem Ziel immer näher kommen zu können. (Wenn der Mensch dagegen auf dem regressiven Weg nach Lösungen sucht, so wird er unvermeidlich nach einer völligen Entmenschlichung streben, die gleichbedeutend mit Wahnsinn ist.)

Wenn das Wesen des Menschen weder das Gute noch das Böse, weder Liebe noch Haß, sondern ein Widerspruch ist, der es notwendig macht, nach immer neuen Lösungen zu suchen, die ihrerseits neue Widersprüche hervorrufen, so kann der Mensch auf dieses Dilemma auf regressive oder auf progressive Weise reagieren. Die neuere Geschichte liefert uns viele Beispiele dafür. Millionen von Deutschen, besonders solche aus dem Kleinbürgertum, die ihr Geld und ihre soziale Stellung eingebüßt hatten, regredierten unter Hitlers Führung zum Kult ihrer germanischen Ahnen und benahmen sich wie »Berserker«. Nicht anders benahmen sich die Russen unter Stalin, die Japaner bei der Besetzung Nankings und der Mob mit seiner Lynchjustiz in Südamerika. Für die große Masse ist die archaische Form des Erlebens stets eine reale Möglichkeit; sie *kann* auftauchen. Man sollte jedoch zwischen zwei verschiedenen Formen dieses Auftauchens unterscheiden. Zur einen Form kommt es, wenn die archaischen Impulse zwar sehr stark geblieben sind, aber verdrängt wurden, weil sie zu den in der betreffenden Zivilisation herrschenden Kulturformen im Widerspruch standen; in diesem Fall können besondere Umstände wie Krieg, Naturkatastrophen oder auch Auflösungserscheinungen in der Gesellschaft leicht die Schleusen öffnen, so daß die verdrängten archaischen Impulse sich ungehemmt ergießen können. Die andere Möglichkeit ist gegeben, wenn in der Entwicklung einer Einzelperson oder bei den Mitgliedern einer Gruppe das progressive Stadium tatsächlich erreicht und gefestigt ist; in diesem Fall führen traumatische Ereignisse wie die oben erwähnten nicht so leicht zu einer Rückkehr der archaischen Impulse, weil diese nicht so sehr verdrängt als *ersetzt* wurden; trotzdem ist aber selbst in diesem Fall das archaische Potential nicht ganz verschwunden. Unter außergewöhnlichen Umständen, wie zum Beispiel bei einer längeren Gefangenschaft in einem Konzentrationslager oder bei gewissen chemischen Prozessen im Körper kann das gesamte psychische System eines Menschen zusammenbrechen, und die archaischen Kräfte können mit erneuter Gewalt hervorbrechen. Natürlich gibt es zwischen den beiden Extremen – den archaischen verdrängten Impulsen einerseits und ihrem völligen Ersatz durch die progressive Orientierung andererseits – unzählige Abstufungen. Das Verhältnis ist bei jedem Menschen wieder anders, und das gleiche gilt für das Verhältnis des Verdrängungsgrades gegenüber dem Bewußtheitsgrad der archaischen Orientierung. Es gibt Menschen, bei denen die archaische Seite nicht durch Verdrängung, sondern durch die Entwicklung der progressiven Orientierung so völlig eliminiert ist, daß es ihnen einfach unmöglich geworden ist, zu ihr zu regredieren. Ebenso gibt es Personen, die alle Möglichkeiten zu einer Entwicklung der progressiven Orientierung so völlig zerstört haben, daß auch sie die Freiheit der Wahl eingebüßt haben – in diesem Fall die Freiheit, sich für das Progredieren zu entscheiden.

Es versteht sich von selbst, daß der allgemeine Geist, der in einer bestimmten Gesellschaft herrscht, die Entwicklung der beiden Seiten bei jedem einzelnen stark beeinflußt. Aber selbst in dieser Beziehung kann der einzelne stark vom gesellschaftlichen Orientierungsmodell abweichen. Wie bereits dargelegt, gibt es in unserer modernen Gesellschaft Millionen von archaisch orientierten Individuen, die bewußt an die Lehren des Christentums oder der Aufklärung glauben, die jedoch hinter dieser Fassade wahre »Berserker«, Nekrophile oder Götzenanbeter von Baal oder Astarte sind. Sie geraten dabei nicht einmal unausweichlich in Konflikte, weil die progressiven Ideen in ihrem *Denken* kein Gewicht haben und weil sie in ihrem *Handeln,* wenn auch in versteckter oder verschleierter Form, von ihren archaischen Impulsen beherrscht werden. Andererseits hat es auch in archaischen Kulturen häufig Menschen gegeben, die eine progressive Orientierung entwickelten. Sie wurden zu Führern, die unter bestimmten Umständen den meisten Angehörigen ihrer Gruppe neue Einsichten vermittelten und die die Grundlage für eine allmähliche Veränderung der gesamten Gesellschaft legten. Wenn solche Menschen ein ungewöhnliches Format besaßen und wenn ihre Lehren ihre Spuren hinterließen, so nannte man sie Propheten, Meister oder ähnlich. Ohne sie wäre die Menschheit nie aus der Finsternis des archaischen Zustandes herausgekommen. Dennoch konnten sie den Menschen nur beeinflussen, weil dieser im Zug der Entwicklung der Arbeit sich nach und nach von den unbekannten Kräften der Natur freimachte, indem er seine Vernunft und seine Objektivität entwickelte und aufhörte, wie ein Raubtier oder wie ein Lasttier zu leben.

Was für Gruppen gilt, gilt auch für den einzelnen. In jedem Menschen steckt ein Potential archaischer Kräfte, wie wir es eben erörtert haben. Nur der durch und durch Böse und der durch und durch Gute hat keine

Wahl mehr. Fast jeder kann zur archaischen Orientierung regredieren oder zur vollen progressiven Entfaltung seiner Persönlichkeit voranschreiten. Im ersteren Fall sprechen wir vom Ausbruch einer schweren Geisteskrankheit; im zweiten Fall sprechen wir von der spontanen Genesung von einer Krankheit oder von einer Wandlung des Betreffenden zum voll Erwachten und zum Reifen. Es ist Aufgabe der Psychiatrie, der Psychoanalyse und verschiedener Geisteswissenschaften, die Bedingungen zu untersuchen, unter denen es zur einen oder zur anderen Entwicklung kommt, und außerdem Methoden aufzuzeigen, mit denen man der günstigen Entwicklung Vorschub leisten und der bösartigen Einhalt gebieten kann.[3] Die Beschreibung dieser Methoden geht über den Umfang dieses Buches hinaus. Man findet sie in der klinischen Literatur der Psychoanalyse und der Psychiatrie. Für unser Problem ist es jedoch wichtig zu erkennen, daß – von extremen Fällen abgesehen – jeder einzelne und jede Gruppe von Individuen an jedem beliebigen Punkt zu den irrationalsten und destruktivsten Orientierungen regredieren, aber auch zu der aufgeklärtesten und progressivsten Orientierung voranschreiten kann. Der Mensch *ist* weder gut noch böse. Glaubt man an die Gutheit des Menschen als an sein einziges Potential, so wird man unausweichlich die Tatsachen in einem irreführenden rosigen Licht sehen und schließlich bitter enttäuscht sein. Glaubt man an das andere Extrem, so wird man als Zyniker enden und für die vielen Möglichkeiten zum Guten in sich und anderen blind werden. Eine realistische Auffassung sieht in beiden Möglichkeiten reale Potentiale und untersucht die Bedingungen, unter denen sie sich jeweils entwickeln.

Diese Erwägungen führen uns zum Problem der *Freiheit* des Menschen. Steht es dem Menschen frei, sich in jedem beliebigen Augenblick für das Gute zu entscheiden, oder besitzt er diese Freiheit der Wahl nicht, weil er durch innere und äußere Kräfte determiniert ist? Es sind schon viele Bücher über das Problem der Willensfreiheit geschrieben worden, und mir scheint als Einleitung für die folgenden Seiten keine Äußerung passender als William James' Bemerkungen zu diesem Thema. Er schreibt

[3] Vgl. besonders die Lehren und die Praxis des Zen-Buddhismus, wie sie D. T. Suzuki in seinen zahlreichen Büchern dargestellt hat. Vgl. insbesondere D. T. Suzuki, E. Fromm und R. de Martino, 1960a.

dazu: »Man ist allgemein der Ansicht, daß die Auseinandersetzung über die Willensfreiheit schon längst kraft- und saftlos geworden ist, und daß ein neuer Champion nur noch abgedroschene Argumente ins Feld führen kann, die jeder schon kennt. Aber das ist ein radikaler Irrtum. Ich kenne kein Thema, das weniger abgedroschen wäre oder das einem anregenden Menschen eine bessere Chance gäbe, Neuland zu erschließen – vielleicht nicht um zu einer gewaltsamen Lösung zu gelangen oder um die allgemeine Zustimmung zu erzwingen, sondern um uns ein tieferes Verständnis dafür zu vermitteln, worum es sich bei der Streitfrage zwischen den beiden Parteien tatsächlich handelt und was die Ideen vom Schicksal und von der Willensfreiheit tatsächlich beinhalten« (W. James, 1957). Wenn ich im folgenden versuche, meinerseits einige Vorschläge zu diesem Problem zu machen, so gehe ich davon aus, daß Erfahrungen aus der Psychoanalyse vielleicht neues Licht auf das Problem der Willensfreiheit werfen und uns die Möglichkeit geben könnten, einige neue Aspekte zu sehen.

Die traditionelle Behandlung der Frage der Willensfreiheit hat darunter gelitten, daß nicht genügend empirische psychologische Daten zur Verfügung stehen, was zur Folge hatte, daß man dazu neigte, das Problem allgemein und auf abstrakte Weise zu behandeln. Wenn wir unter Freiheit die *Freiheit der Wahl* verstehen, so läuft diese Frage darauf hinaus, ob es uns freisteht, zum Beispiel zwischen A und B zu wählen. Die Deterministen sagen, es stünde uns nicht frei, weil der Mensch – wie alle anderen Dinge in der Natur – durch Ursachen determiniert sei; genauso wie es einem Stein mitten in der Luft nicht freistehe, *nicht* zu fallen, so sei auch der Mensch gezwungen, sich für A oder für B zu entscheiden, weil bestimmte Motive ihn dazu determinieren, dazu zwingen oder veranlassen, A oder B zu wählen.[4] Die Gegner des Determinismus behaup-

[4] Hier wie im gesamten Buch ist das Wort Determinismus im Sinne der Richtung gebraucht, die William James und zeitgenössische angelsächsische Philosophen als »harten Determinismus« bezeichnet haben. Der Determinismus in diesem Sinne ist von der gelegentlich als »weicher Determinismus« bezeichneten Theorie zu unterscheiden, die sich in den Schriften von Hume und Mill findet und nach der Determinismus und menschliche Freiheit miteinander vereinbar sind. Ich neige mit meiner Auffassung mehr dem »weichen« als dem »harten« Determinismus zu, doch möchte ich mich auch mit ersterem nicht identifizieren.

ten das Gegenteil. Aus religiösen Gründen argumentiert man, Gott habe dem Menschen die Freiheit gegeben, zwischen Gut und Böse zu wählen – daher besitze der Mensch diese Freiheit auch. Zweitens argumentiert man, der Mensch sei frei, weil man ihn sonst für seine Taten nicht verantwortlich machen könne. Drittens wird argumentiert, der Mensch erlebe sich subjektiv als frei, daher sei dieses Sich-der-Freiheit-bewußtsein der Beweis für deren Existenz. Alle drei Argumente scheinen mir nicht überzeugend. Das erste setzt voraus, daß man an Gott glaubt, und daß man seine Pläne den Menschen betreffend kennt. Das zweite scheint dem Wunsch zu entspringen, den Menschen für das verantwortlich zu machen, was er tut, so daß man ihn bestrafen kann. Die Idee der Bestrafung, die in Vergangenheit und Gegenwart in den meisten Gesellschaftssystemen anzutreffen ist, ist in erster Linie ein gewissesr Schutz für die Minderheit der Besitzenden vor der Mehrheit der »Habenichtse« (oder ist doch als solcher gedacht), und sie ist ein Symbol für die Strafgewalt der Autorität. Wenn man strafen will, braucht man jemand, der für sein Tun verantwortlich ist. Dabei fällt einem unwillkürlich Shaws Bemerkung ein: »Das Hängen ist vorbei – jetzt haben wir nur noch den Prozeß.« Das dritte Argument, das Bewußtsein, die Freiheit der Wahl zu besitzen, beweise, daß diese Freiheit tatsächlich existiere, haben schon Spinoza und Leibniz gründlich widerlegt. Spinoza hat darauf hingewiesen, daß wir die Illusion der Freiheit haben, weil wir uns unserer Wünsche, aber nicht ihrer Motivationen bewußt sind. Auch Leibniz hat dargelegt, daß der Wille von teilweise unbewußten Tendenzen motiviert wird. Es ist in der Tat erstaunlich, daß die meisten, die sich mit diesem Thema nach Spinoza und Leibniz beschäftigt haben, nicht erkannten, daß das Problem der Willensfreiheit nicht zu lösen ist, solange man sich nicht klarmacht, daß unbewußte Kräfte unser Handeln bestimmen, wenngleich wir in der glücklichen Überzeugung leben, wir hätten die freie Wahl. Aber von diesen speziellen Einwänden abgesehen, scheinen die Argumente für die Willensfreiheit unserer täglichen Erfahrung zu widersprechen. Ob dieser Standpunkt von religiösen Ethikern, von idealistischen Philosophen oder von dem Marxismus zuneigenden Existentialisten vertreten wird – er ist bestenfalls ein edles Postulat und vielleicht nicht einmal ein so besonders edles, weil er nämlich höchst unfair gegen den einzelnen ist. Kann man denn tatsächlich behaupten, daß ein in materieller und geistiger Armut aufgewachsener Mensch, der niemals Liebe oder Mitgefühl für irgend jemanden empfunden hat, dessen Körper durch jahrelangen Alkoholmißbrauch ans Trinken gewöhnt ist und der keine Möglichkeit hat, seine Lebensumstände zu ändern – kann man tatsächlich behaupten, daß er »frei« sei zu wählen? Widerspricht eine solche Auffassung nicht den Tatsachen, läßt sie nicht Mitgefühl vermissen, und handelt es sich nicht letzten Endes um eine Auffassung, die in der Sprache des 20. Jahrhunderts – genau wie ein großer Teil der Philosophie Sartres – den Geist des bürgerlichen Individualismus und der bürgerlichen Egozentrik widerspiegelt: eine moderne Version von Max Stirners *Der Einzige und sein Eigentum*?

Die entgegengesetzte Auffassung, der Determinismus, der postuliert, daß der Mensch *nicht* die Freiheit der Wahl habe, daß seine Entscheidungen an jedem beliebigen Punkt von früheren äußeren und inneren Ereignissen verursacht und determiniert seien, erscheint auf den ersten Blick realistischer und einleuchtender. Haben nicht die Analysen von Freud und Marx gezeigt, wie schwach der Mensch in seinem Kampf gegen die ihn determinierenden instinktiven und gesellschaftlichen Kräfte ist, ganz gleich, ob man den Determinismus auf soziale Gruppen und Klassen oder auf einzelne anwendet? Hat nicht die Psychoanalyse gezeigt, daß ein Mensch, der sich nie aus seiner Mutterbindung gelöst hat, unfähig ist, selbständig zu handeln und zu entscheiden, daß er sich schwach fühlt und in eine stets wachsende Abhängigkeit von Mutterfiguren hineingetrieben wird, bis es für ihn keine Umkehr mehr gibt? Zeigt nicht die marxistische Analyse, daß, wenn eine Klasse – wie zum Beispiel das Kleinbürgertum – einmal ihr Vermögen, ihre Kultur und ihre soziale Funktion eingebüßt hat, ihre Mitglieder jede Hoffnung verlieren und zu archaischen, nekrophilen und narzißtischen Orientierungen regredieren?

Dennoch waren weder Marx noch Freud Deterministen in dem Sinn, daß sie an die Unwiderruflichkeit der kausalen Determination geglaubt hätten. Sie haben beide an die Möglichkeit geglaubt, daß man auch einen bereits eingeschlagenen Weg noch ändern kann. Sie sahen beide diese Möglichkeit einer Veränderung in der Fähigkeit des Menschen begründet, *sich die Kräfte bewußt zu machen, die ihn sozusagen hinter seinem Rücken antreiben,* und auf diese Weise seine Freiheit zurückzugewinnen.

(Vgl. hierzu bes. E. Fromm, 1962a.) Beide waren – genau wie Spinoza, von dem Marx stark beeinflußt war – Deterministen *und* Indeterministen oder weder Deterministen *noch* Indeterministen. Beide vertraten die Auffassung, daß der Mensch von den Gesetzen von Ursache und Wirkung determiniert wird, daß er sich aber durch Bewußtseinserweiterung und richtiges Handeln einen Bereich der Freiheit schaffen und ihn ständig vergrößern kann. Es liegt an ihm, sich ein Optimum an Freiheit zu erobern und sich den Ketten der Notwendigkeit zu entledigen. Für Freud war die Bewußtmachung des Unbewußten, für Marx war die Bewußtmachung der sozio-ökonomischen Kräfte und Klasseninteressen die Vorbedingung für die Befreiung; nach Auffassung beider mußte zu der Bewußtmachung ein aktiver Wille und Kampfbereitschaft als Vorbedingung für die Befreiung hinzukommen.[5]

Jeder Psychoanalytiker hat sicherlich schon mit Patienten zu tun gehabt, die es fertigbrachten, die Tendenzen, die ihr Leben bisher bestimmt hatten, völlig umzukehren, nachdem sie sich ihrer bewußt geworden waren und mit aller Energie versucht hatten, ihre Freiheit zurückzugewinnen. Aber man braucht kein Psychoanalytiker zu sein, um diese Erfahrung zu machen. Manche unter uns haben mit sich selbst oder auch mit anderen die gleiche Erfahrung gemacht: Es gelang ihnen, die Kette der *angeblichen* Kausalität zu zerbrechen, und sie schlugen einen neuen Weg ein, der ihnen wie ein »Wunder« erschien, weil er allen vernünftigen Erwartungen widersprach, die man sich aufgrund ihres früheren Verhaltens hätte machen können.

Die herkömmlichen Erörterungen über die Willensfreiheit haben nicht nur darunter gelitten, daß Spinozas und Leibniz' Entdeckung der unbewußten Motivation nicht der ihr gebührende Platz eingeräumt wurde. Es gibt auch noch andere Gründe, die dafür verantwortlich sind, daß derartige Erörterungen unklar erscheinen. Im folgenden möchte ich auf einige

[5] Die gleiche Auffassung vertritt im wesentlichen der klassische Buddhismus. Der Mensch ist an das Rad der Wiedergeburt gefesselt. Er kann sich von dieser Determination nur dadurch befreien, daß er sich seine existentielle Situation bewußt macht und den achtgliedrigen Pfad des rechten Handelns beschreitet. Die Propheten des Alten Testaments vertreten eine ähnliche Auffassung. Der Mensch hat die Wahl zwischen »Segen und Fluch«, zwischen »Leben und Tod«, aber er kann an einen Punkt kommen, an dem keine Umkehr mehr möglich ist, wenn er zu lange zögert, das Leben zu wählen.

Irrtümer hinweisen, die mir dabei eine beträchtliche Rolle zu spielen scheinen.

Der eine Irrtum beruht darauf, daß wir gewohnt sind, von der Willensfreiheit des Menschen im allgemeinen anstatt von der eines bestimmten Individuums zu sprechen.[6] Ich werde später noch zu zeigen versuchen, daß man – sobald man von der Willensfreiheit des Menschen im allgemeinen und nicht von der eines bestimmten Individuums spricht – auf eine abstrakte Weise darüber redet, die das Problem unlösbar macht. Das kommt daher, daß der eine die Freiheit der Wahl besitzt, während ein anderer sie eingebüßt hat. Wenn wir uns auf alle Menschen beziehen, so befassen wir uns entweder mit einer Abstraktion oder mit einem bloßen moralischen Postulat im Sinne von Kant oder von William James.

Eine weitere Schwierigkeit bei der herkömmlichen Erörterung der Willensfreiheit scheint darin zu liegen, daß besonders die klassischen Autoren von Plato bis Thomas von Aquin dazu neigen, sich auf eine allgemeine Weise mit dem Problem des Guten oder Bösen auseinanderzusetzen, so als ob der Mensch »im allgemeinen« die Wahl zwischen Gut und Böse hätte und als ob es ihm freigestellt wäre, das Gute zu wählen. Diese Ansicht stiftet eine große Verwirrung in der Diskussion, weil nämlich die meisten Menschen, wenn sie ganz allgemein vor die Wahl gestellt sind, sich für das »Gute« und nicht für das »Böse« entscheiden. Aber so etwas wie eine freie Wahl zwischen »Gut« und »Böse« gibt es überhaupt nicht – es gibt nur konkrete und spezifische Handlungsweisen, die *Mittel* zum Guten sind, und andere, die *Mittel* zum Bösen sind, immer vorausgesetzt, daß man Gut und Böse richtig definiert. Zu einem moralischen Konflikt bezüglich der Willensfreiheit kommt es, wenn wir eine konkrete Entscheidung zu treffen haben, und nicht, wenn wir uns ganz allgemein für Gut oder Böse entscheiden.

Ein weiterer Nachteil der herkömmlichen Erörterungen ist darin zu se-

[6] Diesem Irrtum verfällt selbst ein Autor wie Austin Farrar, dessen Schriften über die Freiheit zu den scharfsinnigsten, tiefgründigsten und objektivsten Analysen der Freiheit gehören. Er schreibt: »Die Wahl liegt *per definitionem* zwischen Alternativen. Daß bei einer Alternative die Wahl echt ist und psychologisch offensteht, ist zu vermuten aufgrund der Beobachtung, *daß die Menschen ihre Wahl zu treffen pflegen.* Daß sie es gelegentlich versäumen, ihre Wahl zu treffen, beweist noch nicht, daß ihnen eine solche nicht offengestanden hätte« (A. Farrar, 1958, S. 151; Hervorhebung E. F.).

hen, daß sie sich gewöhnlich mit dem Problem Willensfreiheit oder Determinismus und nicht mit der unterschiedlichen Stärke der Neigungen befassen. (Leibniz gehört zu den relativ wenigen Autoren, die von *incliner sans nécessiter* sprechen.) Wie ich noch später zu zeigen versuche, handelt es sich bei dem Problem Freiheit oder Determinismus in Wirklichkeit um den Konflikt zwischen verschiedenen Neigungen und ihrer jeweiligen Intensität.

Schließlich herrscht auch noch Verwirrung über die Bedeutung des Begriffs »Verantwortlichkeit«. Von »Verantwortlichkeit« spricht man meist um auszudrücken, daß ich für etwas bestraft oder wegen etwas angeklagt werden sollte. Dabei ist es kaum ein Unterschied, ob ich mich von anderen verklagen lasse oder ob ich mich selbst anklage. Wenn ich mich selbst für schuldig halte, so werde ich mich selbst bestrafen; wenn andere mich für schuldig befinden, dann werden sie mich bestrafen. Der Begriff »Verantwortlichkeit« hat jedoch noch eine andere Bedeutung, die mit Strafe oder »Schuld« nichts zu tun hat. In diesem Sinn bedeutet Verantwortlichkeit soviel wie: »Ich bin mir bewußt, es getan zu haben.« Tatsächlich wird mir mein Tun, sobald ich es als »Sünde« oder »Schuld« empfinde, entfremdet. Nicht mehr *ich* habe es dann getan, sondern »der Sünder«, »der Böse«, »jener andere«, der jetzt zu bestrafen ist; ganz zu schweigen von der Tatsache, daß Schuldgefühle und Selbstanklagen zur Traurigkeit, zur Selbstverachtung und zur Lebensverachtung führen. Dies hat der große chassidische Lehrer Jizchak Meïr von Ger auf schöne Weise zum Ausdruck gebracht:

»Wer ein Übel, das er getan hat, immerzu beredet und besinnt, hört nicht auf, das Gemeine, das er tat, zu denken, und was man denkt, darin liegt man, mit der Seele liegt man ganz und gar darin, was man denkt – so liegt er doch in der Gemeinheit: der wird gewiß nicht umkehren können, denn sein Geist wird grob und sein Herz stockig werden, und es mag noch die Schwermut über ihn kommen. Was willst du? Rühr' her den Kot, rühr' hin den Kot, bleibt's doch immer Kot. Ja gesündigt, nicht gesündigt, was hat man im Himmel davon? In der Zeit, wo ich darüber grüble, kann ich doch Perlen reihen, dem Himmel zur Freude. Darum heißt es: ›Weiche vom Bösen und tue das Gute‹ – wende dich von dem Bösen ganz weg, sinne ihm nicht nach und tue das Gute. Unrechtes hast du getan? Tue Rechtes ihm entgegen« (M. Buber, 1949, S. 826f.).

Es entspricht dem gleichen Geist, wenn das alttestamentliche Wort *chatah,* das gewöhnlich mit »Sünde« übersetzt wird, in Wirklichkeit »verfehlen« bedeutet (den rechten Weg); es fehlt die Qualität der Verurteilung, die in den Wörtern »Sünde« und »Sünder« enthalten ist. Ähnlich bedeutet das hebräische Wort für »Reue«, *teschuwah,* »Rückkehr« (zu Gott, zu sich selbst, zum rechten Weg), und auch hierin liegt nichts von Selbstverurteilung. So benutzt der Talmud den Ausdruck »Meister der Umkehr« für den »reuigen Sünder« und sagt von ihm, er stehe sogar noch über denen, die nie gesündigt haben.

Wenn wir uns nun darüber einig sind, daß wir von der Freiheit der Wahl in dem Sinn sprechen wollen, daß es zwei verschiedene Handlungsmöglichkeiten sind, vor die sich ein bestimmter Mensch gestellt sieht, dann können wir unsere Diskussion mit einem konkreten, alltäglichen Beispiel beginnen: mit der freien Entscheidung, zu rauchen oder nicht zu rauchen. Denken wir an einen starken Raucher, der Veröffentlichungen über die schädliche Wirkung des Rauchens auf die Gesundheit gelesen hat und zu dem Entschluß gekommen ist, er wolle mit dem Rauchen aufhören. Er »hat sich entschieden, damit aufzuhören«. Diese »Entscheidung« ist keine Entscheidung. Es handelt sich nur um die Formulierung einer Hoffnung. Er hat sich zwar »entschieden«, mit dem Rauchen aufzuhören, aber am nächsten Tag ist er zu gut gelaunt, am übernächsten Tag ist er zu schlecht gelaunt, und am dritten Tag möchte er nicht »ungesellig« sein; am Tage darauf bezweifelt er, daß diese Gesundheitsmitteilungen stimmen, und so raucht er weiter, wenngleich er sich »entschieden« hatte, damit aufzuhören. Alle diese Entscheidungen sind lediglich Ideen, Pläne, Phantasien; mit der Wirklichkeit haben sie wenig oder nichts zu tun, bevor eine wirkliche Entscheidung getroffen wird. Eine wirkliche Entscheidung trifft er erst in dem Augenblick, in dem er eine Zigarette vor sich liegen sieht und sich nun entscheiden muß, ob er *diese* Zigarette rauchen wird oder nicht; später muß er sich dann wiederum in bezug auf eine andere Zigarette entscheiden und so weiter. Es ist stets der konkrete Akt, der eine Entscheidung verlangt. In jeder dieser Situationen lautet die Frage, ob es ihm freisteht, nicht zu rauchen oder ob ihm dies nicht freisteht.

Hier stellen sich mehrere Fragen. Angenommen, er schenkt den Berichten der Gesundheitsbehörden über das Rauchen keinen Glauben, oder

– wenn er ihnen glaubt – ist er der Überzeugung, daß es vorzuziehen ist, zwanzig Jahre weniger zu leben anstatt auf diesen Genuß zu verzichten. In diesem Fall existiert offensichtlich für ihn das Problem der Wahl nicht. Aber möglicherweise ist das Problem nur getarnt. Seine bewußten Gedanken könnten nichts weiter sein als Rationalisierungen seines Gefühls, daß er die Schlacht doch nicht gewinnen würde, selbst wenn er es versuchte. Aus diesem Grund kann er es vorziehen so zu tun, als ob es gar keine Schlacht zu gewinnen gäbe. Aber ob das Problem der Wahl nun bewußt oder unbewußt ist, ihrem Wesen nach handelt es sich um die gleiche Wahl. Es geht um die Wahl zwischen einer Handlungsweise, die von der Vernunft diktiert wird, und einer Handlungsweise, die von irrationalen Leidenschaften diktiert wird. Nach Spinoza gründet sich die Freiheit auf »adäquate Ideen«, die sich ihrerseits auf die Wahrnehmung und Akzeptierung der Wirklichkeit gründen und die Handlungen determinieren, welche die vollste Entwicklung der psychischen und geistigen Entfaltung des Menschen gewährleisten. Das menschliche Handeln wird nach Spinoza kausal von Leidenschaften oder von der Vernunft bestimmt. Wird der Mensch von Leidenschaften beherrscht, so ist er ein Sklave; wird er von der Vernunft beherrscht, so ist er frei.

Irrationale Leidenschaften sind solche, die den Menschen überwältigen und die ihn zwingen, seinen wahren eigenen Interessen zuwider zu handeln. Sie schwächen und zerstören seine Kräfte und lassen ihn leiden. Bei dem Problem der freien Wahl geht es *nicht* darum, zwischen zwei gleich guten Möglichkeiten zu wählen; es handelt sich nicht um die Wahl, Tennis zu spielen oder eine Wanderung zu machen, einen Freund zu besuchen oder daheim zu bleiben und zu lesen. Bei der freien Wahl im Sinn des Determinismus oder des Indeterminismus geht es stets darum, sich für das *Bessere* oder für das *Schlechtere* zu entscheiden – und das Bessere oder Schlechtere bezieht sich stets auf die fundamentale moralische Lebensfrage, bei der es um Weiterentwicklung oder Regression, um Liebe oder Haß, um Unabhängigkeit oder Abhängigkeit geht. Freiheit bedeutet nichts anderes, als die Fähigkeit, der Stimme der Vernunft, der Gesundheit, des Wohl-Seins und des Gewissens gegen die Stimmen irrationaler Leidenschaften folgen zu können. In dieser Hinsicht stimmen wir mit den traditionellen Ansichten von Sokrates, Platon, der Stoiker und Kant überein. Ich möchte jedoch besonders hervorheben, daß die

Freiheit, den Geboten der Vernunft zu folgen, ein psychologisches Problem ist, das man weiter untersuchen kann.

Kehren wir zunächst zu unserem Beispiel des Mannes zurück, der vor der Wahl steht, diese Zigarette zu rauchen oder sie nicht zu rauchen, oder der – anders ausgedrückt – vor dem Problem steht, ob es ihm *freisteht,* seiner vernünftigen Absicht zu folgen. Wir können uns einen Menschen vorstellen, von dem wir nahezu mit Bestimmtheit voraussagen können, daß er nicht in der Lage sein wird, seine Absicht auszuführen. Angenommen, es handelt sich um einen Menschen mit einer tiefen Mutterbindung und einer oral-rezeptiven Orientierung, um jemand, der stets von anderen etwas erwartet und der nie in der Lage war, sich zu behaupten und aus diesem Grund von einer tiefen chronischen Angst erfüllt ist. Für ihn ist das Rauchen eine Befriedigung seines rezeptiven Verlangens und eine Abwehr seiner Angst; die Zigarette symbolisiert für ihn Kraft, Erwachsensein, Aktivität, und aus diesem Grund kommt er nicht ohne sie aus. Sein Verlangen nach der Zigarette ist die Folge seiner Angst, seiner Rezeptivität usw., und deshalb ebenso stark wie diese Motive. Es gibt einen Punkt, an dem diese Motivationen so stark sind, daß der Betreffende nicht in der Lage wäre, sein Verlangen zu unterdrücken, wenn nicht im Gleichgewicht der Kräfte in seinem Inneren eine drastische Veränderung eintritt. So kann man sagen, daß er praktisch nicht die Freiheit besitzt, sich für das zu entscheiden, von dem er erkannt hat, daß es besser für ihn wäre. Andererseits könnten wir uns einen Menschen von einer solchen Reife und Produktivität und so frei von aller Gier vorstellen, daß es ihm unmöglich wäre, gegen seine Vernunft und seine wahren Interessen zu handeln. Auch er hat nicht die »freie Wahl«; er könnte nicht rauchen, weil er keine Neigung dazu verspüren würde.[7]

Die Freiheit der Wahl ist keine formale, abstrakte Fähigkeit, die man entweder »hat« oder »nicht hat«; es handelt sich dabei vielmehr um eine Funktion der Charakterstruktur. Gewisse Menschen besitzen nicht die Freiheit, sich für das Gute zu entscheiden, weil ihre Charakterstruktur die Fähigkeit verloren hat, dem Guten entsprechend zu handeln. Man-

[7] Augustinus spricht von dem Zustand der Glückseligkeit, in dem es dem Menschen nicht freistehe zu sündigen.

che haben auch die Fähigkeit verloren, sich für das Böse zu entscheiden, weil ihre Charakterstruktur das Verlangen nach dem Bösen verloren hat. In diesen beiden extremen Fällen kann man sagen, daß beide in ihrem Handeln determiniert sind, weil ihnen das Gleichgewicht der Kräfte in ihrem Charakter keine Wahl läßt. Bei den meisten Menschen jedoch haben wir es mit einander widersprechenden Neigungen zu tun, die so ausgewogen sind, daß sie wählen *können*. Wie sie handeln, hängt dann von der jeweiligen Stärke der widerstreitenden Neigungen ihres Charakters ab.

Inzwischen dürfte klar geworden sein, daß man den Begriff »Freiheit« auf zwei verschiedene Arten verstehen kann. Einerseits ist Freiheit eine Haltung, eine Orientierung, ein Bestandteil der Charakterstruktur der reifen, vollentwickelten, produktiven Persönlichkeit. In diesem Sinn kann ich von einem »freien« Menschen sprechen, so wie ich auch von einem liebevollen, produktiven, unabhängigen Menschen sprechen kann. Ein freier Mensch in diesem Sinn ist tatsächlich ein liebevoller, produktiver, unabhängiger Mensch. Freiheit in diesem Sinn bezieht sich nicht darauf, daß man eine spezielle Entscheidung für die eine oder die andere von zwei möglichen Handlungsweisen trifft, sondern auf die Charakterstruktur des Betreffenden, und in diesem Sinn ist derjenige, »dem es nicht mehr freisteht, das Böse zu wählen«, der vollkommen freie Mensch. Die andere Bedeutung der Freiheit entspricht der, mit der wir uns bisher hauptsächlich beschäftigt haben. Es ist die Fähigkeit, sich für die eine oder die andere von zwei Alternativen zu entscheiden. Bei diesen Alternativen geht es jedoch stets um die Wahl zwischen rationalen und irrationalen Interessen im Leben, um Wachstum oder Stagnation und Tod. Versteht man Freiheit in diesem Sinn, so hat der Schlechteste und der Beste keine Freiheit der Wahl, während sich das Problem der Freiheit der Wahl gerade dem Durchschnittsmenschen mit seinen widerstreitenden Neigungen stellt.

Wenn wir von Freiheit in diesem zweiten Sinn sprechen, erhebt sich die Frage: Von welchen Faktoren hängt diese Freiheit, zwischen widerstreitenden Neigungen zu wählen, ab?

Ganz offensichtlich ist der wichtigste Faktor im Kräfteverhältnis der widerstreitenden Neigungen zu suchen, besonders was die Stärke der unbewußten Aspekte dieser Neigungen betrifft. Aber wenn wir uns fragen, welche Faktoren die Freiheit der Wahl begünstigen, selbst dann, wenn die irrationale Neigung stärker ist, so finden wir, daß die *klare Erkenntnis* der Situation der entscheidende Faktor ist, daß man sich für das Bessere und nicht für das Schlechtere entscheidet. Es handelt sich dabei (1) um die Erkenntnis, was gut und was böse ist; (2) um die Erkenntnis, welche Handlungsweise in einer konkreten Situation geeignet ist, das gewünschte Ziel zu erreichen; (3) um die Erkenntnis der Kräfte, die hinter dem offen zutage tretenden Wunsch stehen, das heißt, um die Erkenntnis der eigenen *unbewußten* Wünsche; (4) um die Erkenntnis der realen Möglichkeiten, zwischen denen man die Wahl hat; (5) um die Erkenntnis der Folgen, die eine Entscheidung im einen oder im anderen Fall nach sich ziehen wird; (6) um die Erkenntnis, daß uns die Erkenntnis als solche nichts nützt, wenn sie nicht mit dem *Willen* zu handeln Hand in Hand geht, mit der Bereitschaft, den Schmerz der Entbehrung auf sich zu nehmen, der nicht ausbleibt, wenn man seinen Leidenschaften zuwiderhandelt.

Überprüfen wir nochmals diese verschiedenen Arten der Erkenntnis. Die *Erkenntnis* dessen, was gut und was böse ist, ist etwas anderes als theoretisches Wissen darüber, was in den meisten Moralsystemen als gut und böse bezeichnet wird. Die traditionelle Überzeugung, daß Liebe, Unabhängigkeit und Mut gut und daß Haß, Unterwerfung und Feigheit schlecht sind, einfach zu übernehmen, bedeutet wenig, denn dieses Wissen ist ein entfremdetes Wissen, gelernt von Autoritäten, hergeleitet aus Konventionen und nur deshalb für richtig gehalten, weil es aus solchen Quellen kommt. Erkenntnis in unserem Sinn bedeutet, sich das, was man lernt, zu eigen zu machen, indem man es erlebt, indem man mit sich selbst experimentiert, indem man andere beobachtet und so schließlich zu einer Überzeugung gelangt, anstatt eine unverbindliche »Meinung« zu haben. Aber sich für allgemeine Grundsätze zu entscheiden, genügt nicht. Über diese Erkenntnis hinaus muß man sich des Gleichgewichts der Kräfte im Inneren bewußt sein und die Rationalisierungen durchschauen, die die unbewußten Kräfte vor uns verbergen.

Um ein Beispiel zu geben: Ein Mann fühlt sich von einer Frau stark angezogen und hat das heftige Bedürfnis, mit ihr zu schlafen. Er ist überzeugt, daß er diesen Wunsch hat, weil sie so schön, so verständnisvoll oder so liebebedürftig ist, oder daß er selbst sexuell so ausgehungert ist oder daß er sich nach Zuneigung sehnt, so einsam ist oder dergleichen. Er kann sich auch klar darüber sein, daß er das Leben von beiden verpfuschen wird, wenn er ein Verhältnis mit ihr anfängt; daß sie Angst hat, männlichen Schutz sucht und ihn deshalb nicht leicht wieder aufgeben wird. Aber obgleich er sich über all das klar ist, macht er doch weiter und fängt ein Verhältnis mit ihr an. Warum? Weil er sich seiner Wünsche bewußt ist, jedoch nicht der ihnen zugrunde liegenden Kräfte. Um welche Kräfte handelt es sich? Ich möchte nur eine von vielen erwähnen, die jedoch häufig eine große Rolle spielt: Eitelkeit und Narzißmus. Wenn er es sich in den Kopf gesetzt hat, dieses Mädchen als Beweis für seine Attraktivität und seinen Wert zu erobern, so wird er sich in der Regel seines wahren Motivs nicht bewußt sein. Er wird sich von allen oben erwähnten Rationalisierungen und von noch vielen anderen täuschen lassen und aus seinem wahren Motiv heraus handeln, eben weil er es nicht erkennen kann und sich in der Illusion befindet, er handle aus anderen, vernünftigeren Motiven.

Der nächste Schritt zu einer richtigen Erkenntnis der Situation ist, daß er sich die *Konsequenzen* seines Tuns ganz klarmacht. Im Augenblick der Entscheidung ist er völlig von seinen Wünschen und allen möglichen beschwichtigenden Rationalisierungen gefangengenommen. Sein Entschluß könnte jedoch anders ausfallen, wenn er die Konsequenzen seines Handelns klar vor Augen hätte; wenn er zum Beispiel erkennen könnte, daß er auf eine sich lange hinziehende, unaufrichtige Liebesaffäre zusteuert, deren er bald müde sein wird, da er seinen Narzißmus nur mit frischen Eroberungen befriedigen kann; wenn er erkennen könnte, daß er immer weiter falsche Versprechungen macht, weil er ein schlechtes Gewissen und Angst davor hat zuzugeben, daß er diese Frau nie wirklich geliebt hat, und daß er sich vor der lähmenden, nachteiligen Wirkung dieses Konflikts auf sich selbst und auf sie fürchtet, etc. Aber selbst wenn er sich über die zugrunde liegenden wirklichen Motivationen und deren Konsequenzen klar ist, so verstärkt das an sich noch nicht die Neigung, die richtige Wahl zu treffen. Eine andere wichtige Erkenntnis muß hinzukommen: Man muß sich darüber klar werden, *wann* die richtige Wahl zu treffen ist und welches die realen Möglichkeiten sind, zwischen denen man wählen kann.

Nehmen wir zum Beispiel an, daß jener Mann sich über alle seine Motivationen und über alle Konsequenzen klar ist; nehmen wir an, daß er sich »entschlossen« hat, mit dieser Frau nicht zu schlafen. Er geht dann mit ihr zu einer Veranstaltung, und bevor er sie nach Hause bringt, lädt er sie noch zu einem »Drink« ein. Das sieht, oberflächlich betrachtet, recht harmlos aus. Es ist ja wohl nichts dabei, wenn man noch einen Schluck zusammen trinkt; sicher wäre auch nichts dabei, wenn das Gleichgewicht der Kräfte nicht schon vorher in einem so empfindlichen Zustand gewesen wäre. Wenn er sich in diesem Augenblick klarmachen könnte, wozu es führen wird, wenn sie zusammen »noch einen Drink nehmen«, würde er sie vielleicht nicht dazu auffordern. Er würde dann erkennen, daß der Drink in der romantisch-gefühlvollen Atmosphäre seine Willenskraft mindern wird und daß er nicht mehr fähig sein wird, den nächsten Schritt zu unterlassen, mit ihr zu einem weiteren Drink in ihre Wohnung zu gehen, was fast sicher dazu führen wird, daß er mit ihr ins Bett geht. Hätte er sich die Situation völlig klargemacht, hätte er diese Folge der Ereignisse als so gut wie unvermeidlich erkannt, dann hätte er es aufgrund dieser Einsicht vielleicht unterlassen, sie einzuladen. Da aber seine Begierde ihn für die unausbleiblichen Folgen blind macht, trifft er nicht die richtige Entscheidung, solange ihm dies noch möglich gewesen wäre. Mit anderen Worten: er hat die eigentliche Entscheidung in dem Augenblick getroffen, als er sie zu dem »Drink« aufforderte (oder vielleicht auch schon, als er sie zu der Veranstaltung einlud) und nicht erst, als er mit ihr ins Bett ging. Am Ende dieser Kette von Entscheidungen steht ihm die Wahl nicht mehr frei; zu einem früheren Zeitpunkt hätte er vielleicht noch die freie Wahl gehabt, wenn er sich darüber klar gewesen wäre, daß es in diesem Augenblick um die wirkliche Entscheidung ging. Wenn man argumentiert, es stehe dem Menschen nicht frei, zwischen dem Besseren und dem Schlechteren zu wählen, dann hat man weitgehend nur die *letzte* Entscheidung in einer ganzen Kette von Ereignissen im Auge und nicht die erste oder zweite Entscheidung. In der Tat steht uns im allgemeinen die letzte Entscheidung nicht mehr frei. An dem frühen Punkt jedoch, wenn wir noch nicht so tief in unsere Leidenschaften verstrickt sind, haben wir die Freiheit der Wahl durchaus noch. Verallgemeinernd könnte man sagen, daß einer der Gründe, weshalb die meisten Menschen in ihrem Leben scheitern, eben der ist, daß sie sich nicht klar darüber sind, an welchem Punkt es ihnen noch freisteht, ihrer Vernunft entsprechend zu handeln: Sie werden sich der Entscheidungssituation erst bewußt, wenn es für eine Entscheidung schon zu spät ist. Mit diesem Problem, daß man erkennt, wann die wirkliche Entscheidung zu treffen ist, hängt ein anderes Problem eng zusammen. Unsere Entscheidungsfähigkeit steht immer in Verbindung mit unserer Lebenspraxis. Je länger wir bereits falsche Entscheidungen getroffen haben, um so mehr »verhärtet« sich unser Herz; je öfter wir die richtige Entscheidung treffen, um so »weicher« wird unser Herz oder besser gesagt, um so lebendiger wird es.

Ein gutes Beispiel hierfür ist das Schachspiel. Nehmen wir an, daß zwei gleich gute Spieler eine Partie beginnen, so haben beide die gleiche Chance zu gewinnen (wobei Weiß leicht im Vorteil ist, was uns aber hier nicht zu kümmern braucht); mit anderen Worten, es steht jedem gleich frei zu gewinnen. Aber nach etwa fünf Zügen sieht es schon anders aus. Noch immer *können* beide gewinnen, aber A, der einen besseren Zug gemacht hat, besitzt bereits eine bessere Gewinnchance. Er hat sozusagen jetzt mehr Freiheit zu gewinnen als sein Gegner B. Aber immer noch steht es B frei zu gewinnen. Nach einigen weiteren Zügen, die A auch weiterhin korrekt durchgeführt hat, während B ihnen nicht entsprechend begegnen konnte, steht es nun schon fast fest, daß A gewinnen wird, aber doch nur *fast*. B *kann* immer noch gewinnen. Nach einigen weiteren Zügen ist dann das Spiel entschieden. Falls B ein guter Spieler ist, erkennt er jetzt, daß es ihm nicht mehr freisteht zu gewinnen; schon bevor er tatsächlich schachmatt ist, sieht er ein, daß er verloren hat. Nur ein schlechter Spieler, der die spielentscheidenden Faktoren nicht richtig zu beurteilen weiß, macht sich weiter die Illusion, er könne noch gewinnen, auch nachdem ihm dies nicht mehr freisteht. Wegen dieser Illusion muß er bis zum bitteren Ende weiterspielen und seinen König mattsetzen lassen.[8]

[8] Wenn es sich nur um eine verlorene Schachpartie handelt, ist dieser Ausgang natürlich nicht »bitter«. Wenn es aber um den Tod von Millionen von Menschen geht, nur weil die Generäle nicht geschickt und objektiv genug sind einzusehen, wann sie den Krieg verloren haben, dann ist die Bezeichnung »bitteres Ende« gerechtfertigt. Zweimal haben wir in unserem Jahrhundert ein solches bitteres Ende miterlebt; zuerst 1917 und dann 1943. Beide Male haben die deutschen Generäle nicht begriffen, daß es ihnen nicht mehr freistand zu gewinnen, sie haben den Krieg sinnloserweise fortgeführt und Millionen von Menschenleben geopfert.

Die Analogie zum Schachspiel liegt auf der Hand. Freiheit ist kein konstantes Attribut, das wir entweder »haben« oder »nicht haben«. Tatsächlich gibt es Freiheit nicht wie es ein Ding gibt, Freiheit ist ein Wort, ein abstrakter Begriff. Es gibt nur eine Realität: den Akt des Sich-befreiens im Prozeß der Entscheidung. Bei diesem Prozeß richtet sich das Ausmaß unserer Fähigkeit, wählen zu können, immer wieder nach unserer Lebenspraxis. Jeder Schritt, der mein Selbstvertrauen, meine Integrität, meinen Mut und meine Überzeugung stärkt, stärkt auch meine Fähigkeit, die wünschenswerte Alternative zu wählen, wobei es mir immer schwerer fällt, mich falsch zu entscheiden. Andererseits werde ich immer, wenn ich mich unterwürfig und feige erweise, schwächer, dies erschließt weiteren feigen Handlungen den Weg, bis ich schließlich meine Freiheit verloren habe. Zwischen dem einem Extrem, bei dem ich nicht mehr imstande bin, mich für etwas Falsches zu entscheiden, und dem anderen, bei dem ich die Freiheit eingebüßt habe, richtig zu handeln, gibt es unzählige Abstufungen. Das Ausmaß der Entscheidungsfreiheit ist in der Praxis des Lebens in jedem Augenblick ein anderes. Besitzen wir ein hohes Maß an Freiheit, uns für das Gute zu entscheiden, so kostet es uns weniger Anstrengung, es zu wählen. Ist der Grad unserer Freiheit gering, bedarf es einer großen Anstrengung, der Hilfe anderer und günstiger Umstände.

Ein klassisches Beispiel hierfür ist die biblische Geschichte von der Reaktion des Pharao auf die Bitte der Hebräer, sie ziehen zu lassen. Er fürchtet sich vor den immer schlimmeren Plagen, die über ihn und sein Volk kommen; er verspricht den Hebräern, sie gehen zu lassen, aber sobald die unmittelbare Gefahr vorüber ist, *verhärtet sich sein Herz,* und er entscheidet sich von neuem dafür, die Hebräer nicht freizulassen. Dieser Prozeß der Verhärtung des Herzens ist entscheidend für das Verhalten des Pharao. Je länger er sich weigert, die richtige Entscheidung zu treffen, um so härter wird sein Herz. Kein noch so großes Leiden ändert diese verhängnisvolle Entwicklung, und sie endet schließlich mit seiner Vernichtung und der Vernichtung seines Volkes. Sein Herz macht keine *Wandlung* durch, weil er seine Entscheidungen nur aus Angst trifft; und weil keine Wandlung eintritt, verhärtet sich sein Herz immer mehr, bis er schließlich die Freiheit der Wahl verloren hat.

Die Geschichte von der Verhärtung des Herzens des Pharao ist nur ein poetischer Ausdruck für etwas, das wir täglich beobachten können, wenn wir unsere eigene Entwicklung und die anderer ins Auge fassen. Sehen wir uns folgendes Beispiel an: Ein achtjähriger weißer Junge hat den Sohn eines farbigen Dienstmädchens zum Freund. Seiner Mutter behagt es nicht, daß er mit einem kleinen Neger spielt, und sie sagt ihm, er solle sich nicht mehr mit ihm abgeben. Das Kind weigert sich. Die Mutter verspricht, mit ihm in den Zirkus zu gehen, wenn er gehorcht, und er gibt nach. Dieser Verrat an sich selbst und die Annahme einer Bestechung gehen an dem Kleinen nicht spurlos vorüber. Er schämt sich, sein Integritätsgefühl ist verletzt, er hat an Selbstvertrauen verloren. Noch ist aber nichts geschehen, was nicht wieder gutzumachen wäre. Zehn Jahre später verliebt er sich in ein junges Mädchen. Es handelt sich nicht nur um eine flüchtige Verliebtheit; beide haben das Gefühl einer tiefen menschlichen Bindung. Aber das junge Mädchen gehört einer Gesellschaftsschicht an, die unter der der Familie des jungen Mannes liegt. Seine Eltern sind gegen die Verbindung und versuchen ihn davon abzubringen. Als er unnachgiebig bleibt, versprechen sie ihm eine halbjährige Europareise, wenn er mit der Bekanntgabe der Verlobung bis zu seiner Rückkehr warte. Er geht auf das Angebot ein. Er ist überzeugt, die Reise werde ihm viel Gutes bringen – und natürlich werde er das junge Mädchen auch nach seiner Rückkehr nicht weniger lieben. Aber es kommt anders. Er lernt viele andere junge Mädchen kennen, er ist sehr beliebt, seine Eitelkeit wird befriedigt, und mit der Zeit wird seine Liebe und sein Entschluß zu heiraten immer schwächer. Vor seiner Rückkehr schreibt er ihr einen Brief, in dem er die Verlobung löst.

Wann ist er zu diesem Entschluß gekommen? Nicht, wie er sich einbildet, an dem Tage, an dem er den Abschiedsbrief geschrieben hat, sondern an dem Tag, als er auf das Angebot der Eltern, nach Europa zu reisen, eingegangen ist. Er hatte damals, wenn auch nicht bewußt, das Gefühl, daß er sich durch die Annahme der Bestechung verkaufte und er mußte nun ausführen, was er dabei versprach: die Verbindung zu lösen. Sein Verhalten in Europa war nicht der *Grund* für diesen Bruch, es war der Mechanismus, durch den es ihm gelang, sein Versprechen zu erfüllen. An diesem Punkt beging er abermals Verrat an sich selbst, und die Folgen waren verstärkte Selbstverachtung und (versteckt hinter der Befriedigung über neue Eroberungen usw.) innere Schwäche und eine

Einbuße an Selbstvertrauen. Müssen wir sein Leben noch weiter im einzelnen verfolgen? Er tritt schließlich in das Geschäft seines Vaters ein, anstatt Physik zu studieren, was seiner Begabung entsprochen hätte. Er heiratet die Tochter reicher Freunde seiner Eltern, er wird ein erfolgreicher Geschäftsmann und ein politischer Führer, der gegen die Stimme des eigenen Gewissens verhängnisvolle Entscheidungen trifft, weil er Angst hat, die öffentliche Meinung gegen sich aufzubringen. Seine Geschichte ist die einer Verhärtung des Herzens. Eine moralische Niederlage macht ihn anfälliger für die nächste, bis ein Punkt erreicht ist, an dem es keine Umkehr mehr gibt. Mit acht Jahren hätte er standhaft bleiben und sich weigern können, die Bestechung anzunehmen, da stand es ihm noch frei. Und vielleicht hätte ihm ein Freund, ein Großvater, ein Lehrer, der von seinem Dilemma hörte, helfen können. Mit achtzehn war er schon weniger frei. Sein weiteres Leben war dann ein Prozeß ständig abnehmender Freiheit, bis der Punkt erreicht war, an dem er das Spiel seines Lebens verloren hatte. Die meisten Menschen, die als skrupellose, verhärtete Menschen endeten, ja selbst Hitlers und Stalins Mitarbeiter, hatten zu Beginn ihres Lebens die Chance, gut zu werden. Eine sehr ausführliche Analyse ihres Lebens könnte uns zeigen, bis zu welchem Grad ihr Herz in jedem einzelnen Augenblick verhärtet war und wann sie ihre letzte Chance verloren, menschlich zu bleiben. Es gibt auch den Gegensatz; der erste Sieg macht den nächsten leichter, bis es keine Mühe mehr macht, sich für das Richtige zu entscheiden.

Unser Beispiel veranschaulicht, daß die meisten Menschen in der Kunst des Lebens nicht deshalb versagen, weil sie anlagemäßig schlecht oder so willensschwach sind, daß sie kein besseres Leben führen können. Sie scheitern, weil sie nicht aufwachen und sehen, wann sie am Scheideweg stehen und sich entscheiden müssen. Sie merken nicht, wann das Leben ihnen eine Frage stellt und wann sie noch die Möglichkeit haben, sich so oder so zu entscheiden. Mit jedem Schritt auf dem falschen Weg wird es dann immer schwerer für sie zuzugeben, daß sie sich tatsächlich auf dem falschen Weg befinden, und das oft nur deshalb, weil sie dann zugeben müßten, daß sie bis zu der Stelle zurückzugehen haben, an der sie zum erstenmal falsch eingebogen sind, und daß sie sich damit abfinden müssen, Energie und Zeit verschwendet zu haben.

Das gleiche gilt für das gesellschaftliche und politische Leben. War Hitlers Sieg unvermeidlich? Stand es dem deutschen Volk an einem bestimmten Punkt noch frei, ihn zu stürzen? 1929 waren Faktoren gegeben, welche die Deutschen geneigt machten, sich dem Nationalsozialismus zuzuwenden: die Existenz eines verbitterten, sadistischen Kleinbürgertums, dessen Mentalität sich zwischen 1918 und 1923 herausgebildet hatte; eine weitverbreitete Arbeitslosigkeit infolge der Weltwirtschaftskrise von 1929; die wachsende Stärke der militärischen Kräfte im Land, die bereits 1918 von den sozialdemokratischen Führern geduldet wurde; die Angst innerhalb der Schwerindustrie vor einer antikapitalistischen Entwicklung; die Taktik der Kommunisten, in den Sozialdemokraten ihre Hauptfeinde zu sehen; die Existenz eines halbverrückten, wenn auch talentierten opportunistischen Demagogen – um nur die wichtigsten Faktoren zu erwähnen. Andererseits gab es starke anti-nazistische Parteien in der Arbeiterklasse und mächtige Gewerkschaften; es gab eine anti-nazistische liberale Mittelklasse; es gab eine deutsche kulturelle und humanistische Tradition. Die nach beiden Seiten neigenden Faktoren waren so ausgewogen, daß 1929 ein Sieg über den Nationalsozialismus noch eine reale Möglichkeit gewesen wäre. Das gleiche gilt für die Periode vor der Besetzung des Rheinlands durch Hitler. Es gab die Verschwörung einiger militärischer Führungskräfte gegen ihn, und sein militärischer Apparat zeigte Schwächen. Höchstwahrscheinlich hätte eine machtvolle Aktion der westlichen Alliierten Hitlers Untergang herbeigeführt. Was wäre andererseits geschehen, wenn Hitler die Bevölkerung der besetzten Länder nicht durch seine wahnsinnige Grausamkeit und Brutalität gegen sich aufgebracht hätte? Was wäre geschehen, wenn er auf seine Generale gehört hätte, die zum strategischen Rückzug aus Moskau, Stalingrad und aus anderen Stellungen rieten? Stand es ihm da immer noch frei, eine völlige Niederlage zu vermeiden?

Unser letztes Beispiel führt zu einem weiteren Aspekt der Erkenntnis, der unsere Fähigkeit zu wählen weitgehend determiniert. Es handelt sich um die bewußte Unterscheidung zwischen realen Alternativen und solchen, die deshalb unmöglich sind, weil sie nicht auf realen Möglichkeiten beruhen.

Der Determinismus behauptet von seinem Standpunkt aus, es gebe in jeder Situation nur eine einzige *reale* Möglichkeit der Wahl. Der freie Mensch handelt nach Hegel aufgrund der Einsicht in diese eine Möglichkeit, d. h. aufgrund der Einsicht in die Notwendigkeit; der nicht freie Mensch ist blind dafür und ist daher gezwungen, auf eine bestimmte Weise zu handeln, ohne zu wissen, daß er der Ausführende der Notwendigkeit, d. h. der Vernunft, ist. Dagegen gibt es für ihn vom indeterministischen Standpunkt aus im Augenblick der Wahl viele Möglichkeiten, und es steht dem Menschen frei, unter ihnen zu wählen. Oft ist es jedoch so, daß es nicht nur *eine* »reale Möglichkeit« gibt, sondern zwei oder sogar noch mehr, doch kann der Mensch nicht willkürlich unter einer *unbegrenzten* Anzahl von Möglichkeiten wählen.

Was ist unter einer »realen Möglichkeit« zu verstehen? Die reale Möglichkeit ist eine Möglichkeit, die sich ergeben *kann,* wenn man die Gesamtstruktur der Kräfte in Betracht zieht, die in einem Individuum oder in einer Gesellschaft am Werk sind. Die reale Möglichkeit ist das Gegenteil der fiktiven, die zwar den Wünschen und Begierden des Menschen entspricht, aber unter den gegebenen Umständen niemals realisiert werden kann. Im Menschen herrscht eine Konstellation von Kräften, die auf eine bestimmte und feststellbare Weise strukturiert ist. Dieses besondere Strukturmodell »Mensch« wird von zahlreichen Faktoren beeinflußt: von Milieubedingungen (Klasse, Gesellschaft, Familie) sowie von erblichen und anlagemäßigen Bedingungen. Wenn wir uns diese anlagemäßig bedingten Tendenzen näher ansehen, finden wir bereits, daß es sich dabei nicht unbedingt um »Ursachen« handeln muß, die bestimmte »Wirkungen« hervorrufen. Ein anlagebedingt schüchterner Mensch kann entweder übertrieben schüchtern, verschlossen, passiv und mutlos oder ein sehr intuitiver Mensch, z. B. ein begabter Dichter, ein Psychologe oder ein Arzt werden. Aber er besitzt keine »reale Möglichkeit«, zu einem unsensiblen, unbekümmerten »Draufgänger« zu werden. Ob er die eine oder die andere Richtung einschlägt, hängt von anderen Faktoren ab, die ihn beeinflussen. Das gleiche gilt für jemanden mit einer konstitutionell oder früh erworbenen sadistischen Komponente; in diesem Fall kann aus dem Betreffenden entweder ein Sadist werden, oder er kann dadurch, daß er gegen seinen Sadismus ankämpft und ihn überwindet, einen besonders starken psychischen »Antikörper« bilden, der ihn unfähig macht, sich grausam zu verhalten, und der ihn höchst empfindlich auf jede Grausamkeit anderer reagieren läßt. Niemals aber kann er dem Sadismus *gleichgültig* gegenüberstehen.

Kehren wir nun noch einmal zu den »realen Möglichkeiten« im Bereich der konstitutionellen Faktoren zurück. Sehen wir uns nochmals den schon erwähnten Zigarettenraucher an, so sieht sich dieser mit zwei realen Möglichkeiten konfrontiert: Er wird entweder Kettenraucher bleiben oder keine einzige Zigarette mehr rauchen. Seine Meinung, er habe die Möglichkeit weiterzurauchen, aber nur ein paar Zigaretten, stellt sich als Illusion heraus. Bei unserem Beispiel der Liebesgeschichte hat der Mann zwei reale Möglichkeiten: entweder mit dem jungen Mädchen nicht mehr auszugehen oder ein Verhältnis mit ihr einzugehen. Die Möglichkeit, an die er dachte, er könne sie zu einem Drink einladen *und* kein Verhältnis mit ihr anfangen, war unrealistisch angesichts der Konstellation der Kräfte in beiden Persönlichkeiten.

Hitler hätte eine reale Möglichkeit gehabt, den Krieg zu gewinnen – oder doch wenigstens ihn nicht so katastrophal zu verlieren – wenn er die eroberten Völker nicht mit einer derartigen Brutalität und Grausamkeit behandelt hätte, wenn er nicht so narzißtisch gewesen wäre, daß er niemals einen strategischen Rückzug zuließ und so weiter. Aber außerhalb dieser Alternativen gab es für ihn keine realen Möglichkeiten. Zu hoffen, er könne seiner Destruktivität gegenüber der eroberten Bevölkerung freien Lauf lassen *und* seine Eitelkeit und seinen Größenwahn damit befriedigen, daß er nie einen Rückzug antrat, zu hoffen, er könne durch seinen maßlosen Ehrgeiz zu einer Bedrohung für alle anderen kapitalistischen Mächte werden *und* den Krieg gewinnen – all das zusammen lag nicht im Bereich der realen Möglichkeiten.

Das gleiche gilt auch für unsere gegenwärtige Situation: Es gibt eine starke Tendenz zum Krieg, die durch das Vorhandensein von Kernwaffen auf beiden Seiten, durch die Angst voreinander und das gegenseitige Mißtrauen bedingt ist. Außerdem betet man die nationale Souveränität wie einen Götzen an, und es fehlt in der Außenpolitik an Objektivität und Vernunft. Andererseits hat die Mehrheit der Bevölkerung beider Blöcke den Wunsch, der Katastrophe einer atomaren Vernichtung zu entgehen. In der übrigen Menschheit werden immer wieder Stimmen laut, die Großmächte sollten nicht alle anderen in ihren Wahnsinn mit hineinziehen. Es gibt soziale und technologische Faktoren, die friedliche Lösungen ermöglichen und der menschlichen Rasse den Weg in eine glückliche Zukunft erschließen könnten. Solange diese beiden Gruppen von Bestrebungen gegeben sind, kann der Mensch immer noch zwischen zwei realen Möglichkeiten wählen: der des Friedens, indem er das Wettrüsten mit Atomwaffen und den kalten Krieg beendet, oder der des Kriegs, indem er seine gegenwärtige Politik fortsetzt. Beide Möglichkeiten sind real, wenn auch die eine größeres Gewicht hat als die andere. Noch haben wir die Freiheit der Wahl. Aber, daß wir mit dem Wettrüsten *und* dem kalten Krieg *und* einer Mentalität paranoiden Hasses fortfahren *und* gleichzeitig die atomare Vernichtung vermeiden – die Möglichkeit haben wir nicht.

Im Oktober 1962 sah es so aus, als ob wir die Freiheit der Entscheidung bereits eingebüßt hätten und als ob die Katastrophe gegen den Willen aller – mit Ausnahme einiger verrückter Draufgänger – nicht mehr aufzuhalten sei. Damals ist die Menschheit noch einmal davongekommen. Die Spannung ließ nach, und Verhandlungen und Kompromisse wurden möglich. Heute ist vielleicht der letzte Augenblick, in dem die Menschheit noch vor der freien Wahl zwischen Leben oder Vernichtung steht. Wenn wir nicht mehr erreichen als oberflächliche Vereinbarungen, die den guten Willen symbolisieren, aber keine Einsicht in die bestehenden Alternativen und ihre jeweiligen Konsequenzen beweisen, werden wir unsere Freiheit der Wahl verlieren. Wenn die Menschheit sich selbst vernichtet, so wird das nicht wegen einer der menschlichen Seele innewohnenden Verderbtheit geschehen, sondern weil der Mensch nicht fähig war, aufzuwachen und die realistischen Alternativen und ihre Konsequenzen zu sehen. Die Möglichkeit zu einer freien Entscheidung haben wir nur, wenn wir erkennen, welches die realen Möglichkeiten sind, zwischen denen wir wählen können, und welches die »nicht-realen Möglichkeiten« sind, die dem Wunschdenken entsprechen, mit dem wir uns um die unangenehme Aufgabe herumzudrücken versuchen, zwischen Alternativen eine Entscheidung treffen zu müssen, die real gegeben, aber bei dem einzelnen oder bei der Gesellschaft unbeliebt sind. Diese nicht-realen Möglichkeiten sind natürlich überhaupt keine Möglichkeiten, es sind reine Hirngespinste. Leider ist es nur so, daß die meisten von uns sich lieber einreden, es gebe noch andere Möglichkeiten, wenn sie sich mit *realen* Alternativen und mit der Notwendigkeit konfrontiert sehen, eine Entscheidung zu treffen, die Einsicht und Opfer verlangt. So schließen wir die Augen vor der Tatsache, daß diese nicht-realen Möglichkeiten nicht existieren und daß der Versuch ihrer Realisierung nur ein Tarnmanöver ist, während im Hintergrund das Schicksal seine eigene Entscheidung trifft. Ein Mensch, der in der Illusion lebt, daß das Nichtmögliche sich verwirklichen lasse, ist dann überrascht, empört und verletzt, wenn die Entscheidung ihm abgenommen wird und die nicht gewollte Katastrophe eintritt. In einem solchen Augenblick verfällt er in den Fehler, anderen die Schuld zu geben, sich zu verteidigen und/oder Gott anzurufen, wo er doch die Schuld allein bei sich suchen sollte, in seinem Mangel an Mut, den Tatsachen ins Gesicht zu sehen, und in seiner mangelnden Einsicht.

Damit kommen wir zu der Schlußfolgerung, daß der Mensch in seinen Handlungen stets von Neigungen bestimmt wird, welche in (im allgemeinen unbewußten) Kräften wurzeln, die in ihm am Werk sind. Wenn diese Kräfte eine bestimmte Intensität erreicht haben, können sie so stark sein, daß sie nicht nur den Menschen zu einer Entscheidung geneigt machen, sondern daß sie ihn dazu bestimmen – womit er die Freiheit der Wahl einbüßt. In Fällen, in denen widerstrebende Neigungen in einem Menschen am Werk sind, hat er die Freiheit der Wahl. Dieser Freiheit sind durch die bestehenden realen Möglichkeiten Grenzen gesetzt. Diese realen Möglichkeiten werden durch die Gesamtsituation *determiniert.* Die Freiheit des Menschen liegt in seiner Möglichkeit, zwischen den vorhandenen realen Alternativen zu wählen. Man kann Freiheit in diesem Sinn nicht als »Handeln im Bewußtsein der Notwendigkeit« definieren, sondern als ein Handeln *auf der Basis der Erkenntnis von Alternativen und ihren Konsequenzen.* Einen Indeterminismus gibt es in keinem Fall; manchmal handelt es sich um Determinismus und manchmal um Alternativismus, der sich auf das allein dem Menschen eigene Phänomen, die bewußte Erkenntnis, gründet. Anders ausgedrückt hat jedes Ereignis seine Ursache. Aber in der Konstellation vor dem Ereignis kann es mehrere Motivationen geben, die zur Ursache für das nächste Ereignis werden *können.* Welche von diesen möglichen Ursachen dann zur wirkmächtigen Ursache wird, kann davon abhängen, ob der Mensch sich bewußt ist, in welchem Augenblick die Entscheidung fällt. Mit anderen Worten: Es gibt nichts, was nicht seine Ursache hätte, aber nicht alles ist determiniert (im Sinne eines »harten« Determinismus).

In meiner Auffassung des Determinismus, des Indeterminismus und des

Alternativismus schließe ich mich hier im wesentlichen den Ideen von drei Denkern an: Spinoza, Marx und Freud. Man hat oft alle drei als »Deterministen« bezeichnet. Es gibt gute Gründe hierfür, zumal sie sich selbst so genannt haben. Spinoza schrieb: »Es gibt im Geiste keinen absoluten (selbständigen) oder freien Willen; sondern der Geist wird zu diesem oder jenem Wollen von einer Ursache bestimmt, welche ebenfalls von einer anderen bestimmt wird und diese wiederum von einer anderen, und so weiter ins Endlose« (Spinoza, *Die Ethik,* Teil II, 48. Lehrsatz). Spinoza erklärt die Tatsache, daß wir unseren Willen subjektiv als frei erleben – was für Kant wie auch für viele andere Philosophen eben der Beweis unserer Willensfreiheit ist – für die Folge einer Selbsttäuschung: Wir sind uns unserer Wünsche bewußt, aber wir sind uns der Motive unserer Wünsche nicht bewußt. Daher glauben wir, unsere Wünsche stünden uns »frei«. Auch Freud bekannte sich zu einer deterministischen Einstellung. Er kritisiert den »tief wurzelnden Glauben an psychische Freiheit und Willkürlichkeit« und betont, daß dieser Indeterminismus »ganz unwissenschaftlich ist und vor der Anforderung eines auch das Seelenleben beherrschenden Determinismus die Segel streichen muß« (S. Freud, 1916–17, S. 104). Auch Marx scheint Determinist gewesen zu sein. Er entdeckte *Gesetze* der Geschichte, die politische Ereignisse als Folge von Klassenschichtungen und Klassenkämpfen und letztere wiederum als Folge der bestehenden Produktivkräfte und ihrer Entwicklung erklären. Es scheint, daß alle drei Denker die menschliche Freiheit in Abrede stellen und im Menschen das Werkzeug von Kräften sehen, die hinter seinem Rücken operieren und die ihn zu seinen jeweiligen Handlungen nicht nur geneigt machen, sondern determinieren. In diesem Sinn gehört Marx zu jenen Hegelianern, für die die Einsicht in die Notwendigkeit das Maximum der Freiheit ist. (Vgl. hierzu E. Fromm, 1962a, S. 109–112.)

Spinoza, Marx und Freud haben sich in einer Weise geäußert, die sie als Deterministen qualifiziert, und auch viele ihrer Schüler haben sie so verstanden. Das gilt besonders für Marx und Freud. Viele »Marxisten« haben Meinungen geäußert, die darauf hinauslaufen, daß es einen unabänderlichen Ablauf der Geschichte gibt, daß die Zukunft durch die Vergangenheit bestimmt wird und daß bestimmte Ereignisse mit Notwendigkeit eintreten. Viele Freud-Schüler behaupten das gleiche in bezug auf Freud: Sie argumentieren, Freuds Psychologie sei eben deshalb wissenschaftlich, weil sie Wirkungen anhand von vorangegangenen Ursachen voraussagen könne.

Aber diese Interpretation von Spinoza, Marx und Freud als Deterministen läßt den anderen Aspekt in der Philosophie dieser drei Denker völlig außer acht. Weshalb ist das Hauptwerk des »Deterministen« Spinoza ein Werk über die Ethik? Wieso war die Hauptabsicht von Marx die sozialistische Revolution und Freuds Hauptziel eine Therapie, die seelisch kranke Menschen von ihrer Neurose heilen sollte?

Die Antwort auf diese Frage ist recht einfach. Alle drei Denker sahen, in welchem Maß der einzelne und die Gesellschaft dazu neigen, auf eine bestimmte Weise zu handeln, und dies oft in einem solchen Maß, daß die Neigung zur Determination wird. Aber gleichzeitig waren sie nicht nur Philosophen, die erklären und interpretieren wollten; sie waren auch Menschen, die verändern und umwandeln wollten. Spinoza sah die Aufgabe des Menschen, sein ethisches Ziel eben darin, daß er seine Determiniertheit vermindere und ein Optimum an Freiheit erlange. Der Mensch kann dies dadurch erreichen, daß er sich seiner selbst bewußt wird, daß er seine Leidenschaften, die ihn blind machen und in Fesseln halten, in solche Affekte verwandelt, die es ihm erlauben, seinen wahren Interessen als menschliches Wesen gemäß zu handeln. »Ein Affekt, der ein Leidenszustand (eine Leidenschaft) ist, hört auf ein Leidenszustand zu sein, sobald wir seine klare und deutliche Idee bilden« (Spinoza, *Die Ethik,* Teil V, 3. Lehrsatz). Freiheit ist nicht etwas, was uns geschenkt wird; nach Spinoza ist es etwas, das wir uns innerhalb gewisser Grenzen durch Einsicht und Bemühung erwerben können. Wenn wir stark und bewußt sind, haben wir die Alternative zu wählen. Es ist schwer, sich die Freiheit zu erobern, weshalb die meisten von uns dabei scheitern. Ganz am Schluß seiner *Ethik* schreibt Spinoza:

»Damit habe ich alles erledigt, was ich von der Macht des Geistes über die Affekte und von der Geistesfreiheit vorbringen wollte. Es erhellt daraus, wieviel der Weise vermag, und um wieviel vorzüglicher er ist denn der Tor, der von seiner Lust allein bewegt wird. Denn abgesehen davon, daß der Tor von den äußeren Ursachen auf vielfache Weise umgetrieben wird und niemals im Besitze der wahren Seelenruhe zu finden ist, lebt er überdies gleichsam unbewußt seiner selbst und Gottes und der

Dinge, und sobald er aufhört, von Leidenschaften bewegt zu werden, hört er auch auf zu sein. Während dagegen der Weise als solcher kaum in seiner Seele beunruhigt wird, sondern, nach einer gewissen ewigen Notwendigkeit seiner selbst und Gottes und der Dinge bewußt, niemals zu sein aufhört, sondern immerwährend im Besitz der wahren Seelenruhe sich findet.

Wenn nun auch der von mir gezeigte Weg, der dahin führt, überaus schwierig scheint, so kann er doch gefunden werden. Und wohl muß eine Sache recht schwierig sein, die so selten angetroffen wird. Denn wie sollte es geschehen, wenn das Heil so leicht zur Hand wäre und ohne viel Mühe gefunden werden könnte, daß es dennoch fast von jedermann vernachlässigt wird? – Doch alles Vortreffliche ist ebenso schwierig wie selten.«

Spinoza, der Begründer der modernen Psychologie, der die den Menschen determinierenden Faktoren kennt, schreibt trotzdem eine *Ethik*. Er wollte zeigen, daß der Mensch aus der Sklaverei in die Freiheit gelangen kann. Und unter »Ethik« versteht er eben diese Eroberung der Freiheit. Diese Eroberung wird ermöglicht durch Vernunft, durch adäquate Ideen, durch ein Bewußtsein seiner selbst. Aber sie ist nur möglich, wenn der Mensch sich mehr darum bemüht, als die meisten Menschen zu tun bereit sind.

Wenn Spinozas Werk eine Abhandlung ist, die auf die »Erlösung« des Menschen abzielt (wobei unter Erlösung die Eroberung der Freiheit durch Bewußtwerdung und intensive Anstrengung zu verstehen ist), so war es auch die Absicht von Marx, den einzelnen zu erlösen. Aber während sich Spinoza mit der Irrationalität des einzelnen befaßt, dehnt Marx diesen Begriff weiter aus. Er glaubt, daß die Irrationalität des einzelnen durch die Irrationalität der Gesellschaft, in der er lebt, hervorgerufen wird und daß diese Irrationalität selbst die Folge der Planlosigkeit und der Widersprüche in der ökonomischen und gesellschaftlichen Wirklichkeit ist. Das Ziel von Marx wie auch das von Spinoza ist der freie und unabhängige Mensch. Aber um diese Freiheit zu erreichen, muß der Mensch sich der Kräfte bewußt werden, die hinter seinem Rücken agieren und ihn determinieren. Emanzipation erwächst aus Erkenntnis und Bemühung. Aus der Überzeugung heraus, daß die Arbeiterklasse das Werkzeug der Geschichte für die universale Befreiung der Menschheit sei, glaubte Marx, daß Klassenbewußtsein und Klassenkampf die notwendigen Vorbedingungen für die Emanzipation des Menschen seien. Genau wie Spinoza ist auch Marx Determinist in dem Sinn, daß er sagt: Wenn du blind bleibst und nicht die äußersten Anstrengungen machst, wirst du deine Freiheit verlieren. Aber genau wie Spinoza ist er nicht nur ein Mensch, der interpretieren will; er ist ein Mensch, der verändern will – daher ist sein gesamtes Werk der Versuch, den Menschen zu lehren, wie er durch Bewußtwerdung und Bemühung frei werden kann. Marx hat niemals (wie oft angenommen wird) gesagt, er könne historische Ereignisse, die notwendigerweise eintreten müßten, voraussagen. Er war immer ein Alternativist. Der Mensch kann die Ketten der Notwendigkeit durchbrechen, *wenn* er sich der hinter seinem Rücken wirkenden Kräfte bewußt ist, *wenn* er die ungeheure Anstrengung unternimmt, sich seine Freiheit zu erobern. Es war Rosa Luxemburg, eine der größten Interpreten von Marx, die seinen Alternativismus dahingehend formuliert hat, daß in unserem Jahrhundert der Mensch die Alternative habe, »zwischen Sozialismus und Barbarei« zu wählen.

Freud, der Determinist, war ebenfalls ein Mensch, der verändern wollte: er wollte die Neurose in Gesundheit umwandeln und die Herrschaft des Ich an die Stelle der Herrschaft des Es setzen. Was ist eine Neurose, welcher Art sie auch sein mag, anderes, als der Verlust der Freiheit des Menschen, vernünftig zu handeln? Was ist psychische Gesundheit anderes als die Fähigkeit des Menschen, seinem wahren Interesse entsprechend zu handeln? Freud sah, genau wie Spinoza und Marx, in welch hohem Maß der Mensch determiniert ist. Aber auch Freud hat erkannt, daß der Zwang, auf bestimmte irrationale und daher destruktive Weise zu handeln, durch Selbsterkenntnis und ernstes Bemühen geändert werden kann. Daher stellt seine Arbeit den Versuch dar, eine Methode zu finden, mit der man die Neurose durch Selbsterkenntnis heilen kann, und das Motto seiner Therapie lautet: »Die Wahrheit soll dich freimachen.«

Allen drei Denkern sind mehrere Vorstellungen gemeinsam:

1. Der Mensch wird in seinen Handlungen durch frühere Ursachen bestimmt, doch kann er sich aus der Gewalt dieser Ursachen durch Erkenntnis und ernstes Bemühen befreien.

2. Theorie und Praxis sind nicht voneinander zu trennen. Um zur »Erlö-

sung« oder Freiheit zu gelangen, muß man Bescheid wissen, muß man die richtige »Theorie« haben.

Aber Wissen erlangt man nicht ohne zu handeln und darum zu kämpfen.[9] Die große Entdeckung aller drei Denker bestand eben darin, daß Theorie und Praxis, Interpretation und Veränderung voneinander untrennbar sind.

3. Obwohl sie Deterministen in dem Sinn waren, daß der Mensch den Kampf um seine Unabhängigkeit und Freiheit auch verlieren *kann*, waren sie doch im Grund Alternativisten: Sie lehrten, daß der Mensch zwischen bestimmten ermittelbaren Möglichkeiten wählen kann und daß es von ihm abhängt, welche dieser Alternativen dann eintritt; es hängt von ihm ab, solange er seine Freiheit noch nicht verloren hat. So glaubte Spinoza nicht, daß jedermann seine Erlösung erlangen würde, Marx glaubte nicht, daß der Sozialismus unter allen Umständen gewinnen *müßte*, und Freud glaubte nicht, daß jede Neurose mit seiner Methode zu heilen sei. Tatsächlich waren alle drei Skeptiker und gleichzeitig Menschen mit einem tiefen Glauben. Für sie war die Freiheit mehr als ein Handeln aus Einsicht in eine Notwendigkeit; sie war die große Chance des Menschen, das Gute und nicht das Böse zu wählen – seine Chance, zwischen realen Möglichkeiten, gestützt auf klare Erkenntnis der Situation und ernstes Bemühen, zu wählen. Ihre Einstellung war weder Determinismus noch Indeterminismus; es war die Einstellung eines realistischen, kritischen Humanismus.[10]

Es ist dies auch die Grundhaltung des Buddhismus. Buddha erkannte in

[9] Um eine Heilung seiner Patienten zu erreichen, hielt es Freud beispielsweise für notwendig, daß sie ein finanzielles Opfer brachten, indem sie seine Behandlung bezahlten, und daß sie außerdem das Opfer von Frustrationen brachten, indem sie ihre irrationalen Phantasien nicht ausagierten.

[10] Die Auffassung des Alternativismus, wie sie hier beschrieben wurde, entspricht im wesentlichen der des Alten Testaments. Gott greift nicht in die Geschichte des Menschen ein, indem er sein Herz ändert. Er schickt seine Boten, die Propheten, mit einer dreifachen Mission: den Menschen gewisse Ziele vor Augen zu halten, ihnen die Folgen ihrer Entscheidung zu zeigen und gegen eine falsche Entscheidung zu protestieren. Sache des Menschen ist es, seine Wahl zu treffen; niemand, nicht einmal Gott, kann ihn »retten«. Am klarsten kommt dieser Grundsatz in Gottes Antwort zum Ausdruck, die er Samuel gibt, als die Hebräer einen König haben wollten: »Doch gib jetzt ihrem Verlangen nach, warne sie aber und mache ihnen bekannt, welche Rechte der König hat, der über sie herrschen wird« (1 Sam 8,9). Nachdem Samuel ihnen eine drastische Beschreibung des orientali-

der Gier die Ursache menschlichen Leidens. Er stellt den Menschen vor die Alternative, entweder seiner Gier und damit seinem Leiden ausgeliefert und an das Rad der Wiedergeburt gefesselt zu bleiben oder auf die Gier zu verzichten und damit seinem Leiden und der Wiedergeburt ein Ende zu machen. Zwischen diesen beiden realen Möglichkeiten kann der Mensch wählen: Eine andere Möglichkeit steht ihm nicht offen.

Wir haben des Menschen Herz – seine »Seele« –, seine Neigung zum Guten und zum Bösen untersucht. Stehen wir damit auf einem solideren Boden als im ersten Kapitel dieses Buches, als wir einige Fragen hierzu stellten?

Vielleicht – wenigstens könnte es der Mühe wert sein, die Resultate unserer Untersuchung noch einmal zusammenzufassen.

1. Das Böse ist ein spezifisch *menschliches* Phänomen. Es ist der Versuch, zu einem vor-menschlichen Zustand zu regredieren und das spezifisch Menschliche auszumerzen: Vernunft, Liebe und Freiheit. Aber das Böse ist nicht nur etwas Menschliches, es ist auch tragisch. Selbst wenn der Mensch zu ganz archaischen Formen des Erlebens regrediert, kann er niemals aufhören, ein Mensch zu sein; daher kann er sich mit dem Bösen als einer Lösung niemals zufriedengeben. Das Tier kann nicht böse sein; es handelt nach seinen ihm innewohnenden Instinkten, die im wesentlichen seinem Überleben dienen. Das Böse ist der Versuch, den Bereich des Menschlichen auf das Unmenschliche hin zu transzendieren, und trotzdem ist es etwas zutiefst Menschliches, weil der Mensch ebensowenig zum Tier werden kann, wie er »Gott« werden kann. *Im Bösen verliert der Mensch sich selbst bei dem tragischen Versuch, sich der Last seines Menschseins zu entledigen.* Und das Potential des Bösen vergrößert sich noch dadurch, daß der Mensch mit Vorstellungsvermögen ausgestattet ist, das ihm die Fähigkeit verleiht, sich alle Möglichkeiten des Bösen vorzustellen und sie sich zu wünschen und damit umzugehen, um

schen Despotismus gegeben hat und die Hebräer noch immer einen König wollen, sagt Gott: »Höre auf sie und setze über sie einen König ein!« (1 Sam 8,22).
Der gleiche Geist des Alternativismus kommt auch im folgenden zum Ausdruck: »Leben und Tod lege ich dir vor, Segen und Fluch. Wähle also das Leben...« (Dtn 30,19). Der Mensch kann wählen. Gott kann ihn nicht erretten; alles, was Gott tun kann, ist, ihn mit der grundsätzlichen Alternative von Leben und Tod zu konfrontieren und ihn aufzufordern, das Leben zu wählen.

seine bösen Phantasien zu nähren.[11] Die Idee des Guten und Bösen entspricht so, wie ich sie hier formuliert habe, im wesentlichen der Auffassung Spinozas, wenn er schreibt: »Unter ›gut‹ werde ich daher im folgenden dasjenige verstehen, wovon wir sicher wissen, daß es ein Mittel ist, dem Musterbilde der menschlichen Natur, das wir uns vorsetzen, mehr und mehr uns zu nähern. Unter ›schlecht‹ dagegen dasjenige, wovon wir sicher wissen, daß es uns hindert, diesem Musterbilde zu entsprechen« (Spinoza, *Ethik*, Teil IV, Vorwort). Logisch folgt für Spinoza hieraus: »...ein Pferd beispielsweise hört auf, ein Pferd zu sein, ob es sich nun in einen Menschen oder in ein Insekt verwandelte« (a.a.O.). Das Gute besteht darin, daß wir unsere Existenz immer mehr unserem eigentlichen Wesen annähern; das Böse besteht in einer ständig zunehmenden Entfremdung zwischen unserer Existenz und unserem Wesen.

2. Dem jeweiligen Grad des Bösen entspricht der jeweilige Grad der Regression. Das größte Übel sind jene Regungen, die sich am stärksten gegen das Leben richten: die Liebe zum Toten, das inzestuös-symbiotische Streben, in den Mutterschoß, den Boden, das Anorganische zurückzukehren; die narzißtische Selbstopferung, die den Menschen zu einem Feind des Lebens macht, eben weil er das Gefängnis seines eigenen Ichs nicht verlassen kann. So leben, heißt in der »Hölle« leben.

3. Es gibt das Böse auch in einem geringeren Grad, der einer geringeren Regression entspricht. Es handelt sich dann um einen Mangel an Liebe, um einen Mangel an Vernunft, um einen Mangel an Interesse, um einen Mangel an Mut.

4. Der Mensch neigt dazu, rückwärts *und* vorwärts zu schreiten; mit anderen Worten, er neigt zum Guten *und* zum Bösen. Befinden sich beide Neigungen noch etwa im Gleichgewicht, so steht es ihm noch frei zu wählen, vorausgesetzt, daß er sich seine Situation bewußtmachen kann und zu einer ernsthaften Anstrengung fähig ist. Es steht ihm dann frei, zwischen Alternativen zu wählen, die ihrerseits von der Gesamtsituation determiniert sind, in der er sich befindet. Wenn sich sein Herz jedoch bis zu einem solchen Grad verhärtet hat, daß sich seine Neigungen nicht

[11] Es ist interessant, daß *jezer*, das Wort, das den guten und bösen Impuls bezeichnet, im biblischen Hebräisch neben der Bedeutung »Gebilde«, »Götzenbild« soviel wie »Sinnen (des Herzens)« heißt.

mehr im Gleichgewicht befinden, dann steht es ihm nicht mehr frei zu wählen. In der Kette der Ereignisse, die zum Verlust der Freiheit führen, ist die letzte Entscheidung meist keine mehr, bei der der Mensch noch frei wählen kann; bei der ersten Entscheidung besteht noch die Möglichkeit, daß er frei das wählt, was zum Guten führt, vorausgesetzt, daß er sich der Bedeutung dieser ersten Entscheidung bewußt ist.

5. Bis zu dem Punkt, an dem er nicht mehr die Freiheit der Wahl besitzt, ist der Mensch für sein Handeln verantwortlich. Aber Verantwortlichkeit ist nur ein ethisches Postulat, und oft handelt es sich dabei nur um die Rationalisierung des Wunsches von autoritären Instanzen, ihn bestrafen zu können. Eben aus dem Grund, weil das Böse etwas allgemein Menschliches ist, weil es das Regressionspotential und den Verlust unserer Humanität darstellt, wohnt es in einem jeden von uns. Je mehr wir uns dessen bewußt sind, um so weniger werden wir in der Lage sein, uns zum Richter über andere zu machen.

6. Das Herz des Menschen kann sich verhärten; es kann unmenschlich, aber niemals nicht-menschlich werden. Es bleibt immer ein menschliches Herz. Wir alle sind von der Tatsache determiniert, daß wir als Menschen geboren wurden und daher die nie endende Aufgabe haben, Entscheidungen zu treffen. Wir müssen zusammen mit unseren Zielen unsere Mittel wählen. Wir dürfen uns nicht darauf verlassen, daß uns jemand errettet, sondern müssen uns immer der Tatsache bewußt sein, daß falsche Entscheidungen uns die Fähigkeit rauben, uns selbst zu erretten.

Wir müssen in der Tat zum Bewußtsein unserer selbst gelangen, um das Gute wählen zu können, aber diese Selbsterkenntnis wird uns nicht weiterhelfen, wenn wir die Fähigkeit eingebüßt haben, innerlich angerührt zu werden von der Not eines anderen menschlichen Wesens, vom freundlichen Blick eines anderen, vom Gesang eines Vogels und dem frischen Grün des Grases. Wenn der Mensch dem Leben gegenüber gleichgültig wird, besteht keine Hoffnung mehr, daß er das Gute wählen kann. Dann ist sein Herz in der Tat so verhärtet, daß sein »Leben« zu Ende ist. Sollte das der ganzen menschlichen Rasse oder ihren mächtigsten Mitgliedern geschehen, dann könnte es dazu kommen, daß das Leben der Menschheit ausgelöscht wird – in seinem verheißungsvollsten Augenblick.

LITERATURVERZEICHNIS

Baumgart, Ch.: *Geschichte des Futurismus,* Rowohlts Deutsche Enzyklopädie, Rowohlt Verlag, München 1966.

Berkowitz, L.: *The Frustration-Aggression Theory,* in: Aggression: A Social Psychological Analysis, S. 26–50, McGraw-Hill, New York 1962.

Buber, M.: *Die Erzählungen der Chassidim,* Manesse Verlag, Zürich 1949.

Buss, A. H.: The Psychology of Aggression, John Wiley and Sons, Inc., New York/London 1961.

Cohen, H.: *Die Religion der Vernunft aus den Quellen des Judentums,* J. Kaufmann Verlag, Frankfurt 1929.

Dollard, I. et al.: *Frustration and Aggression,* Yale Univ. Press, New Haven 1939. Deutsch: *Frustration und Aggression,* Beltz Verlag, Weinheim 1970.

Farrar, A.: *The Freedom of the Will,* A. and C. Black, London 1958.

Flaubert, G.: *Légende de Saint Julien l'Hospitalier,* in: Trois Contes, Nelson, Paris 1940. Deutsch: *Die Legende von St. Julian dem Gastfreundlichen,* in: Drei Erzählungen, Zürich 1966.

Freud, S.: *Gesammelte Werke* (G. W.), Bände 1–17, Imago Publishing Co., London 1940–1952 und S. Fischer Verlag, Frankfurt 1960.
The Standard Edition of the Complete Psychological Works of Sigmund Freud (S. E.), Volumes 1–24, The Hogarth Press, London 1953–1974.
Sigmund Freud. Studienausgabe (Stud.), Bände 1–10, Ergänzungsband (Erg.), S. Fischer Verlag, Frankfurt 1969–1975.

– 1908b: *Charakter und Analerotik,* G. W. Band 7, S. 201–209; Stud. Band 7, S. 23–30; S. E. Vol. 9, p. 167–175.

– 1912–13: *Totem und Tabu. Einige Übereinstimmungen im Seelenleben der Wilden und der Neurotiker,* G. W. Band 9; Stud. Band 9, S. 287–444; S. E. Vol. 13.

– 1914c: *Zur Einführung des Narzißmus,* G. W. Band 10, S. 137–170; Stud. Band 3, S. 37–68; S. E. Vol. 14, p. 67–102.

– 1916–17: *Vorlesungen zur Einführung in die Psychoanalyse,* G. W. Band 11; Stud. Band 1, S. 1–445; S. E. Vol. 15 and 16.

– 1920g: *Jenseits des Lustprinzips,* G. W. Band 13, S. 1–69; Stud. Band 3, S. 213–272; S. E. Vol 18, p. 1–64.

– 1921c: *Massenpsychologie und Ich-Analyse,* G. W. Band 13, S. 71–161; Stud. Band 9, S. 61–134; S. E. Vol. 18, p. 65–143.

– 1931b: *Über die weibliche Sexualität,* G. W. Band 14, S. 515–573; Stud. Band 5, S. 273–292; S. E. Vol. 21, p. 221–243.

– 1933a: *Neue Folge der Vorlesungen zur Einführung in die Psychoanalyse,* G. W. Band 15; Stud. Band 1, S. 447–608; S. E. Vol. 22, p. 1–182.

Fromm, E.:
- 1941a: *Escape from Freedom,* Farrar and Rinehart, New York 1941. Deutsch: *Die Furcht vor der Freiheit,* Europäische Verlagsanstalt, Frankfurt 1966.
- 1947a: *Man for Himself. An Inquiry into the Psychology of Ethics,* Rinehart, New York 1947. Deutsch: *Psychoanalyse und Ethik,* Diana Verlag, Zürich 1954.
- 1951a: *The Forgotten Language. An Introduction to the Understanding of Dreams, Fairy Tales and Myths,* Rinehart and Co., New York 1951. Deutsch: *Märchen, Mythen, Träume. Eine Einführung zum Verständnis von Träumen, Märchen und Mythen,* Diana Verlag, Zürich 1957.
- 1955a: *The Sane Society,* Rinehart and Co., New York 1955. Deutsch: *Der moderne Mensch und seine Zukunft. Eine sozialpsychologische Untersuchung,* Europäische Verlagsanstalt, Frankfurt 1960.
- 1956a: *The Art of Loving,* Harper & Row, New York 1956. Deutsch: *Die Kunst des Liebens,* Ullstein Verlag, Frankfurt 1971.
- 1960a: *Psychoanalysis and Zen Buddhism,* in: D. T. Suzuki, E. Fromm and R. de Martino, Zen Buddhism and Psychoanalysis, Harper & Row, New York 1960, S. 77–141. Deutsch: *Psychoanalyse und Zen-Buddhismus,* in: E. Fromm, D. T. Suzuki und R. de Martino, Zen-Buddhismus und Psychoanalyse, Suhrkamp Verlag, Frankfurt 1972, S. 101–179.
- 1962a: *Beyond the Chains of Illusions. My Encounter with Marx and Freud,* Simon and Schuster, New York 1962. Deutsch: *Jenseits der Illusionen,* Diana Verlag, Zürich 1967.
- 1963e: *C. G. Jung: Prophet of the Unconscious,* in: Scientific American, New York 209 (1963), S. 283–290.

Heer, F.: *Die dritte Kraft,* S. Fischer Verlag, Frankfurt 1960.

Hirschfeld, M.: *Sexual Anomalies and Perversions. Physical and Psychological Development and Treatment,* Francis Aldor Publ., London 1944. Deutsch: *Geschlechtsanomalien und Perversionen,* Nordische Verlagsgesellschaft, Stockholm/Frankfurt 1953.

Hughes, R.: *The Fox in the Attic,* Chatto and Windus, London 1961.

Ibsen, H.: *Peer Gynt,* in: Sämtliche Werke in deutscher Sprache, Band 4, übersetzt von Christian Morgenstern, S. Fischer Verlag, Berlin o. J.

James, W.: *The Dilemma of Determinism,* first published 1884; reprinted by: P. Edward and A. Pap, *A Modern Introduction to Philosophy,* The Free Press, New York 1957.

Jung, C. G.: *Erinnerungen, Träume, Betrachtungen,* herausgegeben von Aniela Jaffé, Rascher Verlag, Zürich 1963. Engl.: *Memories, Dreams, Reflections,* edited by Aniéla Jaffé, Pantheon Books, New York 1963.

Krafft-Ebing, R.: *Psychopathia sexualis. Mit besonderer Berücksichtigung der konträren Sexualempfindung,* 16./17. Auflage, Ferdinand Enke Verlag, Stuttgart 1924.

Lechehaye, M. A.: *Symbolic Realization,* International Universities Press, New York 1955.

Marx, K.:
- 1971: *Die Frühschriften,* herausgegeben von Siegfried Landshut, Kröners Taschenausgabe 209, Stuttgart 1971.
- 1971a: *Das Kapital. Kritik der politischen Ökonomie,* Band I–III, Dietz Verlag, Berlin 1971–1972.

Nietzsche, F.: *Zur Genealogie der Moral,* in: Ders., Nietzsches Werke, 1. Abteilung, Band VII. A. Kröner Verlag, Leipzig 1910.

Scott, J. P.: *Aggression,* Univ. of Chicago Press, Chicago 1958.

Spinoza, Baruch de: *Die Ethik. Schriften und Briefe,* herausgegeben von Friedrich Bülow. Alfred Kröner Verlag, Stuttgart 1966.

Thomas, H.: *The Spanish Civil War,* Harper & Bros., New York 1961. Deutsch: *Der spanische Bürgerkrieg,* Ullstein, Berlin, Frankfurt, Wien 1962.

REGISTER